Lo ... diciendo acerca de ... Sexto Gran Despertar

Este es un libro refrescantemente esperanzador y bien razonado que contrarresta las falsas narrativas de una iglesia moribunda. La iglesia es la agencia principal que Dios usa para expandir Su reino aquí en la tierra; y tú y yo podemos ser parte del próximo gran despertar.
 —DOUG CLAY, Superintendente General Concilio General de las Asambleas de Dios (EE.UU.)

El Sexto Gran Despertar *proporciona una expectativa histórica y bíblicamente fundamentada para un despertar espiritual arrollador. Todos los indicadores principales y los impulsores espirituales, políticos y culturales apuntan a un nuevo derramamiento del Espíritu de Dios que resultará en la mayor cosecha de almas en la historia humana hasta ahora.*
 —SAMUEL RODRÍGUEZ, Presidente Conferencia Nacional de Liderazgo Cristiano Hispano (NHCLC) y autor de Milagros en el Desorden.

El nuevo libro del Dr. Castleberry explica convincentemente la idea de que el péndulo de la irreligiosidad ha comenzado su camino de regreso a

I

Dios, anunciando una nueva ola de fe. Un texto bien documentado y esperanzador.
 —CARLOS CAMPO, PhD, CEO, Museo de la Biblia

Desde una percha docente, y como el presidente de Northwest University, el Dr. Joe Castleberry presenta los hallazgos de una investigación lacónica de la creciente hambre espiritual de las diversas generaciones y las tendencias sociales de la iglesia Estadounidense en las últimas dos décadas. El se atreve a postular el arrimo del próximo gran despertar en América. La lectura de El Sexto Gran Despertar y La Renovación Venidera de la Iglesia Estadounidense cautiva los componentes socioculturales, generacionales y espirituales como indicadores de este despertar espiritual aledaño. Como bien lo ha dicho, la historia nos enseña que "el cristianismo siempre revive, resucita y vive para luchar otro día hasta que aparezca la victoria final de Dios."

—DR. RAÚL SÁNCHEZ VALLADARES,
Superintedente
Cental Pacific Ministry Network (Assemblies of God)

El sensacional—sí, sensacional—libro de José Castleberry abre una nueva perspectiva sobre el futuro de la fe cristiana en Estados Unidos. A pesar de las alarmantes estadísticas que indican la desaparición de la religión y la piedad en la vida pública y privada, el autor también reúne pruebas convincentes que muestran el surgimiento y crecimiento del próximo ciclo de avivamiento. Aplicando críticamente la teoría generacional de los famosos historiadores sociales, el libro aprende lecciones del flujo y reflujo de la religión en la historia de Estados Unidos. Junto con las narraciones bíblicas, los resultados de las investigaciones más recientes y la "imaginación piadosa", José proyecta en el futuro cercano un escenario muy prometedor del próximo aumento de la fe cristiana en esta tierra.

—REV., PROF. VELI-MATTI KÄRKKÄINEN
Seminario Teológico Fuller y Universidad de Helsinki

Al contrario de los mensajes de pesimismo que tan frecuentemente escuchamos sobre el declive del cristianismo en los Estados Unidos, El Sexto Gran Despertar *presenta un fuerte caso de esperanza. Basado en una sólida investigación sociológica, teológica, histórica y bíblica, Castleberry muestra que la iglesia ha pasado por cinco ciclos previos de decadencia y renovación, siempre para emerger más fuerte que nunca. Como pastor, tratando de liderar una iglesia en medio de la "Great Dechurching", encontré que la lista de las señales de un avivamiento inminente era esperanzadora y útil. Si bien el avivamiento siempre se trata de un derramamiento del Espíritu Santo que no podemos controlar, hay, sin embargo, cosas que podemos hacer como individuos*

y como líderes cristianos para preparar la mesa para ello.
—SCOTT DUDLEY, Pastor Principal,
Iglesia Presbiteriana de Bellevue

¡Me encanta este libro! Mientras los expertos continúan lamentando el declive de la iglesia y la fe religiosa, El Sexto Gran Despertar ofrece una visión contraria de la esperanza para un futuro avivamiento. El autor, Joseph Castleberry, integra su extenso estudio de los despertares, la teoría generacional, la filosofía y la teología en un poderoso análisis de nuestros tiempos desafiantes. ¿Su conclusión? ¡Se acerca un despertar! Amén. Que el Señor lo traiga pronto.
—GARY L. McINTOSH, Sr. PhD, DMin
autor, orador, y distinguido profesor afiliado,
Escuela de Teología Talbot, Universidad Biola

El Dr. Castleberry ofrece un viaje histórico bien documentado con hechos a menudo poco conocidos que describen que Dios ha estado trayendo constante y fielmente avivamiento y despertares a través de generaciones y muestra las implicaciones duraderas para nuestro tiempo. ¡Este libro maravillosamente escrito es atractivo y nos brinda una sólida ESPERANZA de que Dios está obrando!
—GREGORY JANTZ. PH.D., C.E.D.S., Fundador
The Center - A Place of HOPE
y autor de *The Anxiety Reset: A Life-Changing Approach to Overcoming Fear, Stress, Worry, Panic*

Attacks, OCD, and More.

A la vez histórico y profético, El Sexto Gran Despertar es, como se dice en inglés, un "must-read" para todo el que se interese en el tema del avivamiento o despertar.
—ELIEZER OYOLA, Ph.D, Profesor Emérito de Lengua y Literatura Española, Universidad Evangel

El Sexto Gran Despertar ofrece una perspectiva y esperanza muy necesarias para tal tiempo de tumulto como el presente en Estados Unidos. La historia nos ha mostrado cómo Dios ha restaurado al país. ¿Por qué no otra vez?
—TIP FRANK, Fundador, The 1776 Prayer Project (The1776prayerproject.com)

Joe Castleberry combina una investigación fascinante con poderosas percepciones. proporcionando no solo una comprensión completa de nuestro momento cultural, sino también una expectativa llena de esperanza para el avivamiento que Dios está trayendo. Este libro te ayudará a comprender cómo Dios ha obrado en el pasado y lo que está haciendo en el presente. ¡Este es un recurso increíble!"

—*JOHN LINDELL, Pastor Principal, James River Church*

VII

EL SEXTO Gran Despertar

y la Renovación Venidera de la Iglesia Estadounidense

Northwest UNIVERSITY | PRESS

© 2024 por Joseph Castleberry
Todos los derechos reservados. Ninguna parte de esta publicación puede ser reproducida, almacenada en un sistema de recuperación o transmitida en cualquier forma o por cualquier medio, por ejemplo, electrónico, fotocopia, grabación, sin el permiso previo por escrito del editor. La única excepción son las citas en sermones predicados en iglesias u otros servicios religiosos en vivo, que pueden publicarse en cualquier medio de comunicación con la cita apropiada de este trabajo.

Datos de catalogación en publicación de la Biblioteca del Congreso

Nombre: Castleberry, Joseph, autor
Título: El Sexto Gran Despertar y la Renovación Venidera de la Iglesia Estadounidense
Descripción: primera edición. Kirkland, Washington: Northwest University Press, 2024. Incluye referencias biographicas.
Identificadores: ISBN: 9798333604798
Asignaturas: avivamiento, despertares, teoría generacional, cristianismo, crecimiento de la iglesia cristiana, crecimiento espiritual cristiano, liderazgo ministerial, oración, evangelismo, inspiración cristiana

A menos que se indique lo contrario, las citas bíblicas de esta publicación han sido tomadas de la Reina-Valera 1960™ © Sociedades Bíblicas en América Latina, 1960. Derechos renovados 1988, Sociedades Bíblicas Unidas. Utilizado con permiso.

Diseño de portada por Amy St. Clair.

OTROS LIBROS DE JOSEPH CASTLEBERRY

40 Días de Navidad: Celebrando la Gloria de Nuestro Salvador, Broadstreet Publishing, 2019.

Los Nuevos Peregrinos: Cómo los Inmigrantes están Renovando la Fe y los Valores de Estados Unidos. Worthy Latino, 2015.

The Kingdom Net: Learning to Network Like Jesus. Springfield, MO: My Healthy Church, 2013.

Your Deepest Dream: Discovering God's True Vision for Your Life, NavPress, 2012.

EL SEXTO GRAN DESPERTAR

y la Renovación Venidera de la Iglesia Estadounidense

Joseph Castleberry

Northwest
UNIVERSITY | PRESS

Dedicado a Joseph Wiley Castleberry, Joseph Colombus Castleberry y James Jackson Castleberry, tres generaciones de mi familia que anhelaron la presencia de Dios en el avivamiento y recibieron los despertares de su tiempo con gozo, gratitud y arduo trabajo por el Reino, y por las generaciones venideras que rescatarán a los Estados Unidos de América de la ruina con su pasión por el amor de Dios, la gracia de Cristo, y la comunión del Espíritu Santo.

TABLA DE CONTENIDOS

Capítulo 1 Vislumbrando los comienzos de un despertar
Capítulo 2 El Sexto Gran Despertar
Capítulo 3 La Teoría Generacional y el Próximo Despertar
Capítulo 4 Los Ciclos de la Historia de Estados Unidos
Capítulo 5 Las Generaciones Actuales y el Próximo Despertar
Capítulo 6 La Víspera de un Despertar
Capítulo 7 Las Señales Bíblicas de Avivamiento
Capítulo 8 Más Señales de Avivamiento
Capítulo 9 La Iglesia del Futuro
Capítulo 10 Preparándose para el Próximo Despertar
Una Oración para el Avivamiento
Apéndice 1: Ciclos Generacionales en la Historia de Judá
Agradecimientos
Sobre el autor

PREFACIO

La cristiandad ha tenido una serie de revoluciones y en cada una de ellas ha muerto el cristianismo. El cristianismo ha muerto muchas veces y ha resucitado, porque tenía un Dios que conocía cómo salir de la tumba.—G. K. Chesterton, *The Everlasting Man*

El Antiguo Testamento describe de manera transparente el hecho de que la fe en la tierra de Israel aumentó y disminuyó continuamente desde el tiempo de Abraham hasta el tiempo de la restauración del cautiverio, y también en el Período Intertestamentario (judaísmo primitivo). Por mucho que nos guste fingir que el derramamiento del Espíritu Santo en el día de Pentecostés lo cambió todo, el Nuevo Testamento también habla de la inestabilidad del desempeño humano en la fe. Las Siete Iglesias de Asia en Apocalipsis 2-3 dan varios estudios de caso sobre la vitalidad o el declive de las iglesias, y la historia de la Iglesia desde entonces siempre ha presentado retracción y avivamiento. En algunos países del norte de África, el Islam aniquiló por completo a los cristianos autóctonos, e incluso la población cristiana de la propia Tierra Santa sigue disminuyendo bajo la presión islámica.

Pero el lema de Chesterton se mantiene: el cristianismo siempre revive, resucita y vive para luchar otro día hasta que aparezca la victoria final de Dios. La historia del cristianismo en Estados Unidos muestra un ciclo continuo de muerte y reanimación, ya que Estados Unidos comenzó en medio de un despertar religioso y ha experimentado cinco grandes temporadas de renovación a nivel social a lo largo de su historia. A menudo pensamos en los primeros años de las colonias americanas como tiempos de gran compromiso religioso debido a lo que siempre hemos escuchado sobre los peregrinos del Mayflower, que llegaron a América como parte de lo que podría llamarse el Despertar Puritano. Pero ese fervor no perduró, y la religión en las colonias decayó con el tiempo, creando la necesidad de otro Despertar en 1725 (conocido como el "Primer" Gran Despertar.) Después de veinte años de Despertar, la fe una vez más comenzó a decaer. En la época de la Guerra de la Independencia, la nueva nación se enfrentaba a una verdadera crisis espiritual. El gran historiador del avivamiento, J. Edwin Orr, describió el tiempo después de la Guerra de la Independencia de la siguiente manera:

> No mucha gente se da cuenta de que a raíz de la Revolución Americana (después de 1776-1781) hubo una depresión moral.

La embriaguez se convirtió en epidemia. De una población de cinco millones, 300.000 eran borrachos confirmados; Las blasfemias eran de lo más chocantes. Por primera vez en la historia de la colonización estadounidense, las mujeres tenían miedo de salir de noche por temor a ser agredidas. Los robos a bancos eran cosa de todos los días. ¿Y las iglesias? Los metodistas estaban perdiendo más miembros de los que estaban ganando. Los bautistas dijeron que tuvieron su temporada más invernal. Los presbiterianos en asamblea general deploraron la impiedad de la nación. En una iglesia congregacional típica, el reverendo Samuel Shepherd de Lennox, Massachusetts, en dieciséis años no había aceptado a un solo joven en la comunión. Los luteranos languidecían tanto que discutieron la posibilidad de unirse con los episcopales que estaban aún peor. El obispo episcopal protestante de Nueva York, el obispo Samuel Provost, dejó de funcionar; no había confirmado a nadie durante tanto tiempo que decidió que se había quedado sin trabajo, así que buscó otro empleo. El presidente del Tribunal Supremo de los Estados Unidos, John Marshall, escribió al obispo de Virginia, James Madison, que la Iglesia

"estaba demasiado lejos para ser redimida".
Voltaire afirmó, y Tom Paine se hizo eco: "El cristianismo será olvidado dentro de treinta años.[1]

Sin embargo, desde el borde del desastre, en 1801 Estados Unidos comenzó a experimentar el Segundo Gran Despertar con el avivamiento de Cane Ridge en Kentucky, y el cristianismo se elevó de nuevo a grandes alturas de influencia.

Hoy en día, vemos problemas reales en las iglesias de Estados Unidos, y muchos se preguntan si el cristianismo puede sobrevivir. Creo que no solo sobreviviremos, sino que veremos nuestro mayor crecimiento numérico, nuestra mayor temporada de unción y nuestro tiempo más importante de influencia en los próximos 30 a 40 años, si Jesús se demora. Impresionantes avivamientos llegarán a las iglesias estadounidenses durante los próximos 25 años, preparando el escenario para el próximo Gran Despertar, el sexto Despertar de este tipo en la historia de Estados Unidos. Tenemos una buena base teórica para predecirlo, y la historia de Estados Unidos lo ilustra ricamente. Y los cristianos de todo el país creen que el avivamiento viene y están orando fervientemente por ello. Este libro expone mis expectativas para las increíbles lluvias de bendiciones que debemos esperar. La Iglesia avivirá porque es lo que hace la Iglesia, porque así hizo el Señor de la Iglesia.

CAPÍTULO 1
VISLUMBRANDO LOS COMIENZOS DE UN DESPERTAR

La Iglesia en Estados Unidos ha sufrido una verdadera "temporada invernal" en los últimos veinte años. La retención de la fe entre los jóvenes cristianos en todas las expresiones de la Iglesia ha caído a los niveles más bajos registrados, con hasta el 70% de los jóvenes cristianos de las iglesias evangélicas, protestantes tradicionales y católicas romanas abandonando al menos temporalmente sus iglesias después de la escuela secundaria.[2] Sin embargo, esa horrible estadística encuentra un cierto consuelo en el hecho de que muchos jóvenes regresan a la fe y a la iglesia entre los veinte y treinta años de edad. En 2019, Lifeway Research estimó una tasa de retención del 70%

para los protestantes.[3] En el pasado, el 90% de los jóvenes cristianos solían conservar su fe.[4] ¡Nada podría amenazar a la Iglesia (ni perturbar los corazones de los padres creyentes) más que el patrón de perder el 30% de nuestros hijos por la incredulidad!

Una estadística complementaria a la pérdida de fe involucra lo que Pew Research llamó "el ascenso de los nones".[5] Durante un período de más de veinte años, hemos visto un aumento del 1% por año en el porcentaje de estadounidenses que informan que su afiliación religiosa es "ninguna", hasta el punto de que el 28% de los estadounidenses ahora no reportan ninguna posición religiosa en particular.[6] La Radio Pública Nacional informó en 2024 que:

> Un nuevo estudio de Pew Research revela que las personas sin afiliación religiosa -un grupo compuesto por ateos, agnósticos y aquellos que dicen que su religión no es "nada en particular"- son ahora la cohorte más grande de Estados Unidos. Son más frecuentes entre los adultos estadounidenses que entre los católicos (23%) o los protestantes evangélicos (24%).[7]

De hecho, la Iglesia en Estados Unidos ha vivido días oscuros desde que experimentamos la pandemia de COVID-19. Muchas iglesias se regocijan por el hecho de que en realidad crecieron durante la época de COVID y otras han visto una recuperación notable desde el fin del uso de mascarillas, pero en general, la asistencia a la iglesia se ha recuperado un poco, tal vez solo en un error de redondeo, desde el final de la pandemia, con el 28% de los adultos estadounidenses en marzo de 2023 informando que habían asistido a servicios religiosos en persona en el último mes, frente al 27% de marzo de 2022 y el 26% de septiembre de 2021.[8] Tales números se comparan con el 42% que asistía *semanalmente* hace veinte años.[9]

Muchas predicciones sombrías han resultado a medida que los científicos sociales y los líderes cristianos han tratado de explicar el futuro extrapolando estas pérdidas.[10] Pero tales predicciones siempre se equivocarán porque no han tenido en cuenta el hambre inherente de Dios en los seres humanos y el poder de Dios, a quien nada puede impedir salvar, ya sea por muchos o por pocos (1 Samuel 14:6). No importa cuán moribunda parezca la Iglesia, Dios puede cambiar las cosas rápidamente. Solo el tiempo dirá cómo intervendrá Dios para lograr el plan de salvación y la presentación gloriosa de la Iglesia triunfante, sin mancha ni arruga. Pero este libro avanza la tesis de que las iglesias estadounidenses deberían experimentar notables avivamientos y crecimiento durante los próximos veinte años antes de ver el amanecer del Sexto Gran Despertar en la década de 2040. Ya, los destellos de un Despertar parpadean ante nosotros. De acuerdo con Aaron Earls de Lifeway Research, "la mayoría de los principales estudios demográficos religiosos ahora muestran una disminución o, al menos, un estancamiento de las personas sin afiliación religiosa en los EE. UU.":

En el extremo inferior, **Gallup** ha tenido "nones" rondando entre el 20 y el 21% desde 2017. La **Encuesta Social General** (GSS) señaló su primera caída porcentual entre los "nones", del 29% al 27%, en 2022. **Pew Research** registró un descenso del 31% al 28% en 2023. El **Estudio de Elecciones Cooperativo** (CES, por sus siglas en inglés), la única encuesta que anteriormente indicaba un crecimiento entre los no afiliados a ninguna religión, ahora ha rastreado una estabilización entre el 34% y el 36% de 2020 a 2023.[11]

Los observadores astutos notarán variaciones entre estas fuentes sobre el porcentaje de "nones" en Estados Unidos, pero esto muestra evidencia de lo resbaladiza que puede ser la categoría, dependiendo de la formulación de las preguntas. Sin embargo, la consistencia de las diferentes fuentes sugiere claramente una ligera disminución en el número de personas sin afiliación religiosa en Estados Unidos. ¿Ha comenzado la Iglesia a salir de su decadencia?

El despertar de los liberales clásicos

Otro rayo de esperanza para un Despertar centellea en un notable y sorprendente nuevo movimiento religioso que ha comenzado entre los principales intelectuales públicos que se identifican como liberales clásicos. Ofrece un rayo de esperanza para el amanecer del próximo Gran Despertar en Estados Unidos. Para entender la importancia de este movimiento emergente, tenemos que discutir el surgimiento del movimiento del Nuevo Ateísmo, que comenzó hace unos 20 años con la publicación en 2004 del libro de Sam Harris, *El fin de la fe: religión, terror y el futuro de la razón*.

Con pensadores como Richard Dawkins, Sam Harris, Christopher Hitchens y Ayaan Hirsi Ali, el Nuevo Ateísmo rechazó la religión como irracional y realmente dañina para la sociedad, una tesis motivada en parte por los horribles ataques terroristas wahabistas en Nueva York y Washington el 11 de septiembre de 2001. Las personalidades poderosas y carismáticas que lideraban el Nuevo Ateísmo hicieron que el movimiento fuera muy atractivo para muchos jóvenes. A pesar del gran éxito popular, el movimiento fue criticado por muchos filósofos e intelectuales públicos del liberalismo clásico, así como por científicos, por su falta de rigor filosófico. De todas maneras, el Nuevo Ateísmo tuvo un papel en el aumento del número de ateos en Estados Unidos y en el "ascenso de los ningunos".

La esperanza aumenta a medida que los intelectuales públicos regresan a la iglesia

No obstante, un nuevo movimiento religioso ha comenzado en los últimos cinco años más o menos entre los liberales clásicos. Los "liberales clásicos", en contraste con los progresistas posmodernistas de izquierda de hoy que promueven una ideología que reduce las relaciones sociales al binario oprimido-opresor y promueven la "cultura de la cancelación", atesoran los valores liberales occidentales tradicionales de libertad económica (mercados libres) y libertades personales (libertades de pensamiento y expresión y derechos civiles). Una forma simple de pensar sobre los liberales clásicos traería a colación la memoria de demócratas como Harry Truman y John F. Kennedy y republicanos como Dwight D. Eisenhower y Ronald Reagan.

Considerados "moderados" hoy en día, los liberales clásicos se sienten repelidos por la cultura de la cancelación "iliberal" y el aumento de la discriminación racial antiblanca, antisemita y antiasiática en nombre del antirracismo, y han comenzado a reconsiderar su alianza con los liberales de izquierda o "progresistas". Un número cada vez mayor de liberales ha llegado a la conclusión de que el rechazo de los valores judeocristianos en las sociedades occidentales

les ha dejado sin una base sólida para sus sentimientos y convicciones morales liberales, que se originaron específicamente en el judaísmo y el cristianismo y no encuentran apoyo real en ninguna otra visión del mundo. Como resultado, muchos liberales, incluidos los ateos, han reconsiderado su punto de vista hacia la religión. Aunque todavía no crean plenamente en Dios, han llegado a ver que las sociedades liberales no pueden funcionar sin comunidades religiosas.

El término "intelectual público" se refiere a los académicos que eligen interactuar directamente con la sociedad en lugar de dirigir todas sus comunicaciones a entornos académicos. En los últimos años, muchos intelectuales públicos liberales han comenzado a regresar a la iglesia y a la sinagoga. El psicólogo clínico Jordan Peterson se convirtió en uno de los "evangelistas" más importantes del mundo, llevando a un número incalculable de adultos jóvenes de vuelta a la fe y a la observancia religiosa, sobre todo mientras se negaba a decir si realmente creía en Dios o no.

Christopher Kaczor, coautor de *Jordan Peterson, God, and Christianity* (*Jordan Peterson, Dios y el cristianismo*), comentando sobre las enseñanzas ampliamente populares de Peterson sobre la Biblia, ha dicho:

"Leí comentarios en línea de muchos ateos que decían que antes de escuchar sus conferencias en YouTube, "el significado psicológico de las historias bíblicas:

Génesis," pensaban que la Biblia era un libro viejo y ridículo que no tenía nada que enseñar a la mente moderna, pero después de escuchar las conferencias [de Peterson], concluyeron que el Libro de Génesis, de hecho, la Biblia en su conjunto, es un depósito de sabiduría inmensamente rico y profundo para vivir hoy".[12]

El intelectual liberal clásico y columnista del New York Times, y reciente converso cristiano, David Brooks escribió: "Mi amigo Tyler Cowen argumenta que Jordan Peterson es el intelectual público más influyente del mundo occidental en este momento, y tiene razón".[13] La esposa de Peterson, Tammy, y su hija Mikhaila se han convertido, respectivamente, a la fe católica y evangélica, incluso cuando Peterson continúa "luchando con Dios". Mikhaila Peterson ha establecido su propio podcast muy popular, donde habla abiertamente a una audiencia joven y principalmente secular sobre su fe en Jesús, la sanidad sorpresiva de sus padres y la presencia del Espíritu Santo.[14]

En la línea de la declaración de C.S. Lewis de que Jesús encaja en la categoría de "mito verdadero", estando en la línea de otros dioses mitológicos moribundos y resucitados, pero habiendo vivido realmente, Peterson confesó entre lágrimas: "El problema es que probablemente creo eso. Y me asombro de mi propia creencia, y no la entiendo".[15] Pero Peterson sigue siendo cauteloso al declarar lo que cree, tal vez permitiendo a propósito que su audiencia llegue a su propia conclusión basada en las ideas que presenta. Aunque su método difiere de la apologética y el evangelismo cristiano clásico, su enfoque parece tener un mayor efecto en guiar a las generaciones más jóvenes de hoy a la fe en Dios y Cristo.

El historiador ateo de la antigüedad clásica, Tom Holland, puede haberse convertido en el defensor más hábil del mundo de la importancia del cristianismo para la formación de los valores de la sociedad occidental, y aunque todavía no ha hecho una confesión completa de fe personal en Cristo, habla poderosa y convincentemente sobre la importancia de la fe a medida que él se acerca más y más a la Iglesia. Holland, explicando por qué cambió de opinión sobre el cristianismo, djo que cuando era niño,

El glamour, la belleza, el poder y la crueldad de los griegos y los romanos me parecieron muy atractivos. Fui a la escuela dominical y también estaba muy interesado en la historia bíblica, pero los encontré a todos un poco con cara de perro, no me gustaban sus barbas, prefería el aspecto bien afeitado de Apolo. En cierto modo, me sedujo el glamour de Grecia y Roma, así que los primeros libros que escribí sobre historia fueron sobre Grecia y Roma.

Sin embargo, cuanto más estudiaba la historia clásica, más horrorizado se sentía por la crueldad de estas antiguas civilizaciones y lo completamente extrañas que parecen en comparación con los valores occidentales. Encontró que las Escrituras del Nuevo Testamento introducían

"casi todo lo que explica el mundo moderno y la forma en que Occidente ha pasado a dar forma a conceptos como el derecho internacional, los derechos humanos, todo este tipo de cosas. En última instancia, no se remontan a los filósofos griegos, no se remontan al imperialismo romano. Regresan a Pablo. Sus cartas, creo, junto con los cuatro evangelios, son los escritos más influyentes, los más impactantes, los más revolucionarios que han surgido del mundo antiguo.

Holland dice: "Empecé a darme cuenta de que, en realidad, soy cristiano en casi todos los sentidos".[16]

Holland continúa relacionándose con los cristianos y sus prácticas religiosas, incluso sin rendir completamente su corazón a Cristo. Pero ¡el Espíritu Santo no necesita nuestro asentimiento para usarnos para la gloria de Dios! El célebre historiador económico Niall Ferguson, tal vez tomando prestada una frase del escritor satírico y comentarista social ruso-británico Konstantin Kisin, ahora se refiere a sí mismo como un "ateo no practicante que va a la iglesia todos los domingos".[17] Parece que el ateísmo cristiano se ha convertido en algo real ahora, pero uno se pregunta si en muchos casos servirá simplemente como una estación de paso en el camino de regreso a la plena fe cristiana.[18]

Una de las historias más sorprendentes y poderosas de conversión del ateísmo ha venido recientemente de la esposa de Ferguson, Ayaan Hirsi Ali, quien se hizo famosa como la "Quinta Jinete" del Nuevo Movimiento Ateo.[19] Criada como musulmana en Somalia, huyó de su país natal para evitar un matrimonio forzado, convirtiéndose en ciudadana de los Países Bajos antes de postularse para un cargo y obtener el estatus de miembro popular del Parlamento holandés. Rechazando la fe islámica, se convirtió en una famosa atea junto a Richard Dawkins, quien se convirtió en su mentor. Cuando los radicales islámicos amenazaron su vida, emigró a los Estados Unidos, donde se casó con Ferguson, su compañero ateo e intelectual público.

Con el tiempo, se hundió en una terrible depresión, luchando diariamente con pensamientos suicidas. Intentó de tratarlo con "ciencia basada en la evidencia" sin éxito. Pero a principios de 2023, cuando su psicoterapeuta sugirió que sufría de "bancarrota espiritual", resonó en ella y decidió orar. "Oré desesperadamente", dijo recientemente en un debate con Richard Dawkins en el que demostró poderosamente su nueva fe, "y para mí eso fue un punto de inflexión." Lo que sucedió después de eso, "fue un milagro en sí mismo."

Me siento conectada con algo más alto y más grande que yo misma . . . Mi entusiasmo por la vida ha vuelto. Esa experiencia me ha llenado de humildad, tengo que decirlo, y es algo que es muy subjetivo. Es extremadamente difícil de explicar, y estoy tratando de entrar en los detalles granulares de cómo llegué allí en un libro".[20]

Otro testimonio notable que ha surgido recientemente proviene del muy inteligente comediante y podcaster británico Russell Brand. Cuando se casó con la cantante Katy Perry hace veinte años, los padres de ella, que eran pastores, profetizaron que se convertiría en "un gran hombre de Dios".[21] El matrimonio no duró, y Brand pasó a tener serias desventuras después, pero sus testimonios recientes de conversión y bautismo han demostrado una gran sinceridad y poder. Mientras que muchas personalidades del mundo del espectáculo se convierten públicamente, sólo para decepcionar a la Iglesia poco después, la conversión de Brand sugiere que no solo los intelectuales, sino también los artistas están encontrando el camino de vuelta a la fe.

La lista de liberales clásicos que regresan

a la iglesia o reconocen el valor de tener fe o explícitamente llegan a la fe sigue y sigue, pero ciertamente incluye pensadores como el periodista y autodenominado "ateo cristiano" Douglas Murray, el popular podcaster Joe Rogan y la periodista judía Bari Weiss, entre otros.[22]

¿Qué significa esto?

Como estudiante de filosofía en mis años de licenciatura, observé que los artistas y filósofos no crean movimientos sociales. Pero tienden a verlos emerger antes que todos los demás. Puede tomar una o dos décadas para que el resto de la sociedad se ponga al día con ellos o para que sus ideas encuentren expresión en un movimiento social. Obviamente, no todas las corrientes de la vida intelectual o artística se convierten en movimientos sociales masivos, pero **este regreso a la iglesia y a la sinagoga por parte de los principales intelectuales públicos sugiere que en los años venideros, el ciudadano medio puede llegar a la misma conclusión: ir a la iglesia ofrece grandes beneficios a los individuos, y una sociedad bien ordenada necesita la participación de las personas en las comunidades religiosas para prosperar.**

No basta con que cada uno de nosotros se comprometa con "mi verdad". Las sociedades requieren que las personas se comprometan con "nuestra verdad". Y además, "nuestra verdad" debe corresponder a la realidad y a la naturaleza humana para que sirva como elemento unificador para el florecimiento de una sociedad. Cuando toda una sociedad se compromete con ideas falsas, como hemos visto especialmente en los últimos veinte años, sobreviene el desastre. Pero a medida que las personas regresan a la iglesia, la mayoría de ellas encontrarán su camino de regreso a Dios. Y Dios sigue siendo la respuesta a los problemas de Estados Unidos. En cualquier caso, los líderes de opinión han comenzado a regresar a la iglesia y a Dios. **¿Llegará pronto un movimiento social, el Sexto Gran Despertar, a medida que más y más personas despierten a la verdad de que nuestra sociedad ha puesto rumbo hacia el naufragio?** No sabemos. ¡Pero debemos orar!

Si bien la conversión de los intelectuales públicos ofrece un emocionante anticipo de un despertar futuro, este libro se centra principalmente en otra fuente de esperanza: la teoría cíclica de la historia propuesta por William Strauss y Neil Howe. Conocida como la Teoría Generacional de Strauss y Howe, ofrece una poderosa interpretación de la historia estadounidense que sugiere que Estados Unidos debería entrar en un Despertar en la década de 2040. Sigue leyendo para ver por qué.

CAPÍTULO 2 EL SEXTO GRAN DESPERTAR

Un nuevo Gran Despertar amanecerá en Estados Unidos en algún momento de los próximos 25 años. Imagínese cómo podría ser el artículo de una futura revista electrónica:

Nadie en el gobierno o en los medios de comunicación esperaba lo que ha sucedido en Estados Unidos durante la última década. Las personas mayores comparan este nuevo fenómeno con el "Movimiento de Jesús" de la década de 1960. Este nuevo movimiento social comenzó entre los estudiantes universitarios de la Universidad de Washington y en las escuelas secundarias de toda la región cuando los estudiantes comenzaron a inundar las iglesias locales. Luego regresaron a sus escuelas con testimonios de vidas transformadas y nuevas identidades después de un encuentro con

Jesucristo. El fenómeno surgió rápidamente en ciudades y universidades de todo el país como cientos, y luego miles de jóvenes los siguieron de regreso a la iglesia. Pero los cristianos dicen que el movimiento realmente tuvo sus raíces en avivamientos que ocurrieron en sus iglesias en los años anteriores, lo que resultó en que cientos de jóvenes fueran llamados al ministerio y preparados para liderar "el próximo gran despertar".

Lo que comenzó como un renacimiento religioso entre los estudiantes universitarios se ha replicado en todo el país y ha comenzado a tener un efecto notable en la sociedad y la cultura. La tasa de matrimonios se ha disparado; El número de hijos nacidos fuera del matrimonio se ha desplomado. Las iglesias se han llenado hasta el punto de que incluso las iglesias más pequeñas organizan múltiples servicios. Los centros de consejería cierran sus puertas a medida que los estadounidenses reportan cada vez menos depresión y ansiedad. Grandes multitudes llenan los estadios de todo el país para los servicios de adoración y los eventos evangelísticos en toda la ciudad. La falta de vivienda continúa desapareciendo de las calles a medida que los gobiernos se asocian con iglesias y organizaciones cristianas sin fines de lucro para brindar soluciones exitosas a lo que parecía un problema intratable hace solo unos años. Los índices de criminalidad han disminuido a mínimos históricos.

Incluso las oficinas corporativas secularistas alguna vez han visto estudios bíblicos que se reunían a la hora del almuerzo en sus cafeterías y salas de conferencias. Las reuniones de oración se han vuelto populares en todas partes. Si bien los medios de comunicación tradicionales inicialmente recibieron el movimiento con duras críticas, las voces de miles de periodistas de las redes sociales difundieron ampliamente la noticia. Finalmente, los medios de comunicación tradicionales no tuvieron más remedio que empezar a informar sobre el movimiento de forma objetiva e incluso positiva. Sus audiencias ahora exigen cobertura de las noticias diarias que salen de las iglesias y organizaciones religiosas. Incluso los detractores parecen fascinados con las historias de transformación, sanación y servicio comunitario que siguen surgiendo.

Las bodas eclesiásticas se han convertido en el furor, ya que millones de personas han hecho de las iglesias su fuente central de comunidad. Del mismo modo, la crianza de los hijos se ha convertido en un tema candente en las noticias a medida que más parejas deciden tener hijos y necesitan consejos para criarlos. La mayoría de las congregaciones patrocinan eventos seis noches a la semana para ministrar a los diferentes grupos de población (hombres, mujeres, adolescentes, niños, solteros, equipos de alcance) que llevan a cabo su ministerio. Los jóvenes, así como los adultos mayores, han abandonado el empleo seglar para entrar en el ministerio. Las clases de ministerio de la iglesia en los colegios bíblicos y seminarios reportan aulas llenas.

Junto con el aumento de la práctica religiosa ha surgido un interés generalizado por una comprensión más profunda de la vida, con un marcado aumento del interés por la música y las artes. Los colegios y universidades han visto un aumento en los estudiantes que buscan especializarse en campos como historia, literatura, religión, lenguas clásicas y filosofía. Mientras que las universidades se habían vuelto más prácticas, educando estrechamente a los estudiantes para trabajos profesionales y técnicos específicos, cada vez más estudiantes expresan una sed de verdad y un deseo de un mayor significado en sus vidas.

Los estudiosos dicen que es el despertar religioso más dramático en la historia de Estados Unidos...

Avivamiento ahora

Tal escenario puede parecer inverosímil para muchos, pero representa el futuro con el que sueñan muchos cristianos. Las esperanzas aumentaron recientemente cuando se difundió rápidamente la noticia de una notable visita del Espíritu Santo en la Universidad de Asbury entre el 8 y el 24 de febrero de 2023. El avivamiento encendió las expectativas entre los cristianos de los Estados Unidos y de todo el mundo con la pregunta candente: "¿Es hora del próximo Gran Despertar?" Con la esperanza de que el fuego se extendiera, los ministros universitarios y los estudiantes comenzaron a buscar a Dios para un avivamiento, con grandes eventos de bautismo y servicios de adoración extendidos que estallaron en todo el país.

Sin embargo, el avivamiento de Asbury no dio a luz inmediatamente a un nuevo Gran Despertar. Todavía. Los estudiantes universitarios, los ministros universitarios y las personas hambrientas de avivamiento continúan ofreciendo evidencia de que el próximo gran mover de Dios ya ha comenzado, pero aún no ha comenzado a extenderse ampliamente. Las expectativas aumentan y disminuyen, de un lugar a otro, de acuerdo con nuestro propio sentido de hambre y fe en el Dios a quien nada puede impedir que salve (1 Samuel 14:6).

El libro de Hebreos comienza con las palabras: *"En el pasado, Dios habló a nuestros antepasados por medio de los profetas en muchas ocasiones y de diversas maneras"*, antes de declarar a Jesús como la declaración final de Dios. La frase *"en muchas ocasiones y de diversas maneras"* describe acertadamente la manera usual de Dios de obrar en el mundo. Dios continúa obrando en el mundo, aquí y allá, en formas grandes y pequeñas, ya sea que veamos o no un avivamiento masivo o un gran despertar. Y en el tiempo de Dios, suceden grandes cosas que cambian el curso de la historia. Ninguno de ellos tiene el tipo de efecto que tuvo la venida de Cristo, ni ninguno de ellos puede traer la Segunda Venida. Pero cada vez que Dios visita a su pueblo, las vidas cambian y las familias, las comunidades e incluso las naciones reciben una esperanza renovada y un futuro.

Como sugiere el título de este libro, creo que Estados Unidos comenzará a experimentar su Sexto Gran Despertar en algún momento de los próximos 25 años. Los historiadores de la Iglesia han hablado de dos Grandes Despertares, aunque algunos argumentan que sólo ha habido un Despertar de este tipo, el llamado segundo.[23] En resumen, podemos dejar que los historiadores académicos discutan sobre tales cosas, ya que se ganan la vida discrepando entre sí. De hecho, ninguna definición existe para determinar qué califica como un "Gran Despertar." Como sea que lo llamemos, el Primer Gran Despertar presentó avivamientos lo suficientemente dramáticos como para afectar nuestra visión de la historia trescientos años después.

Por otro lado, en realidad no figura como el primer Despertar en América, ya que América nació en el Despertar Puritano en Inglaterra que envió a los peregrinos y puritanos en su gran misión religiosa a América entre 1620-1646. Como este libro definirá el término, y según William Strauss y Neil Howe, Estados Unidos ha experimentado cinco Despertares en los últimos 400 años de su historia: el Despertar Puritano (1621-1649); el Primer Gran Despertar (1727-1746); el Trascendental o "Segundo Gran" Despertar (1822-1844, aunque yo lo fecharía como 1801-1824);[24] el Despertar Misionero/Pentecostal (1886-1908); y la Revolución de la Conciencia o el Movimiento de Jesús (1964-1984).

Habiendo crecido en la tradición revivalista del evangelicalismo estadounidense, he buscado el avivamiento a lo largo de mi vida, experimentando el quinto despertar cuando era niño, adolescente y adulto joven durante el Movimiento de Jesús y el Movimiento Carismático que llevaron a millones de estadounidenses a la fe en Dios y a la participación en las iglesias entre los años 1960 y los años ochenta. También viví en América Latina durante las sucesivas olas de ese Despertar y visité el Avivamiento de Pensacola en Florida durante la década de 1990, extendiendo mi experiencia con avivamientos espectaculares y el crecimiento de la iglesia.

Muchos Baby Boomers como yo añoramos

los "buenos viejos tiempos" del avivamiento con todo nuestro corazón. Es posible que los miembros de las generaciones posteriores que aman al Señor nunca hayan experimentado el avivamiento, ni siquiera a nivel de la iglesia local, pero han escuchado los informes de los creyentes mayores sobre lo que trajo el avivamiento, cómo se sintió y cómo deberían funcionar las cosas. Como escribió el profeta:

Oh Jehová, he oído tu palabra, y temí.
Oh Jehová, aviva tu obra en medio de los tiempos,
En medio de los tiempos hazla conocer;
En la ira acuérdate de la misericordia (Habacuc 3:1).

y como se lamentaba el salmista:

Oh Dios, con nuestros oídos hemos oído,
nuestros padres nos han contado,
La obra que hiciste en sus días,
en los tiempos antiguos . . .
Levántate para ayudarnos,
Y redímenos por causa de tu misericordia
(Salmo 44:1, 26).

Los cristianos de hoy todavía claman a Dios para que envíe un avivamiento, para sacudir al mundo una vez más para salvar a nuestra generación y para dar a conocer la gloria de Dios.

Definiendo un despertar

La definición de un Despertar, tal como ha surgido en ciertos análisis sociales e históricos en los últimos años, proporciona un elemento crucial en el argumento de este libro.[25] Muchas personas usan las palabras "avivamiento" y "despertar" como sinónimos, tal vez viendo el despertar como un avivamiento más generalizado. Pero el argumento aquí requiere definiciones más precisas. El resurgimiento espiritual ocurre en tres niveles: personal, local y social. Cuando un individuo experimenta una *renovación espiritual*, puede tener poco efecto más allá del nivel personal, aunque por lo general afecta sus relaciones directas. Cuando se produce una renovación espiritual personal, ya sea en la conversión o en una experiencia posterior de fe renovada, las personas encuentran un nuevo amor por Dios, un nuevo sentido de intimidad con Cristo a través del Espíritu Santo que llena su vida, una nueva hambre por la Palabra de Dios y un deseo de hablar a otros sobre su experiencia nueva o renovada con Dios. Tal renovación personal puede cambiar una vida para siempre, pero no necesariamente desencadena un avivamiento.

Un *avivamiento* ocurre cuando un grupo de personas, ya sea una iglesia local, un estudio bíblico o incluso un grupo de amigos de la escuela, experimentan una renovación espiritual juntos. Sus reuniones presentan un movimiento perceptible de Dios que cualquiera que los visite reconocería como especial o inusual. Las personas involucradas en el avivamiento no solo experimentan un amor y una pasión renovados por Dios, sino que esa renovación afecta sus actividades como grupo. Comienzan a compartir su experiencia con familiares y amigos, quienes visitan sus reuniones grupales (por ejemplo, los servicios de la iglesia) y captan el mismo entusiasmo por Dios. Los incrédulos tienen un encuentro con Dios que cambia sus vidas, y las personas a su alrededor comienzan a darse cuenta e incluso comienzan a ir a reuniones con ellos, donde también se encuentran con la realidad de Dios.

Tales avivamientos pueden durar días, semanas o años, incluso décadas, y pueden atraer a miles de visitantes. Los cristianos buscadores de avivamiento siempre mantienen sus maletas empacadas, al menos mentalmente, esperando la oportunidad de visitar un avivamiento y experimentar la "presencia manifiesta de Dios". Si bien las personas saben que un Dios omnipresente habita en toda la creación y puede moverse sobre ellas en cualquier lugar, tienen hambre de experiencias inmediatas y palpables de la gloriosa presencia de Dios. Miles de personas viajaron a la remota ciudad rural de Wilmore, Kentucky, para experimentar el reciente avivamiento en la Universidad de Asbury, abrumando la infraestructura de la pequeña ciudad.

Al igual que los cazadores de tormentas que rastrean y tratan de anticipar la trayectoria de un tornado para experimentar la emoción de estar en medio de un poder asombroso, algunos cristianos dejarán todo lo más rápido posible para experimentar el poder manifiesto de

Dios. Su entusiasmo atrae críticas de algunos observadores, pero no generalmente de personas que han experimentado a Dios de esa manera en el pasado.

Los avivamientos pueden suceder y ocurren en cualquier momento, independientemente de si la sociedad presenta condiciones que parecen "maduras" para el avivamiento. **Estallan cuando las personas buscan a Dios con todo su corazón y oran por un avivamiento.** Como Dios le dijo a Israel al enviarlo al exilio:

*Porque yo sé los pensamientos que tengo acerca de vosotros, dice Jehová, pensamientos de paz, y no de mal, para daros el fin que esperáis. Entonces me invocaréis, y vendréis y oraréis a mí, y yo os oiré; y me buscaréis y me hallaréis, porque me buscaréis de todo vuestro corazón. Y seré hallado por vosotros, . . . y os haré volver al lugar de donde os hice ll*evar (Jeremías 29:11-14).

Debemos entender estos versículos citados popularmente en el contexto histórico en el que Jeremías los pronunció: en medio del exilio. De ninguna manera constituyen una promesa general de prosperidad para todas las personas en todo momento, sino, por el contrario, una garantía de restauración *después de* tiempos difíciles. Sin embargo, representan el carácter de un Dios misericordioso y perdonador.

Uno de los credos más antiguos y repetidos de Israel, pronunciada por la misma voz de Dios a

Moisés declara:

> *Y pasando Jehová por delante de él, proclamó: ¡Jehová! ¡Jehová! fuerte, misericordioso y piadoso; tardo para la ira, y grande en misericordia y verdad; que guarda misericordia a millares, que perdona la iniquidad, la rebelión y el pecado, y que de ningún modo tendrá por inocente al malvado; que visita la iniquidad de los padres sobre los hijos y sobre los hijos de los hijos, hasta la tercera y cuarta generación* (Éxodo 34:6-7).

Nótese en estos versículos el efecto intergeneracional del pecado. Pero lo contrario también se sostiene: Dios bendecirá a las generaciones de familias que busquen el rostro de Dios.

Otro pasaje importante declara además la naturaleza perdonadora de Dios: *Si se humillare mi pueblo, sobre el cual mi nombre es invocado, y oraren, y buscaren mi rostro, y se convirtieren de sus malos caminos; entonces yo oiré desde los cielos, y perdonaré sus pecados, y sanaré su tierra* (2 Crónicas 7:14). Aunque Salomón recibió esta promesa en la dedicación del Templo, prediciendo la futura recaída en Israel y asegurando la continua disposición de Dios a perdonar, revela un elemento esencial de la naturaleza de Dios. Cada vez que el pueblo de Dios se vuelve a Dios en arrepentimiento y busca a Dios en oración con todo su corazón, pueden estar seguros de que, tarde o temprano, Dios les mostrará misericordia y amor inquebrantable, revelándoles su Santa Presencia en el poder del Espíritu Santo y vivificándolos para la gloria de Dios.

Un avivamiento no constituye un ***Despertar***. Los despertares ocurren en toda la sociedad y estallan espontáneamente en una amplia variedad de lugares. Ningún lugar constituye el "centro" del Despertar; aparentemente ocurre en muchos lugares simultáneamente. Los avivamientos en las iglesias locales y en círculos más grandes pueden ocurrir cuando Dios responde a las oraciones de las personas, pero se necesita una sociedad entera para producir un Despertar, y sucede cuando la búsqueda del éxito y la prosperidad inevitablemente no trae satisfacción. Cuando las cosas materiales no satisfacen los anhelos del corazón humano, la gente finalmente se pondrá a mirar más profundamente. Cuando una sociedad entera desarrolla un hambre espiritual, las generaciones más jóvenes dirigen su atención a las artes, asumen grandes causas morales, construyen mejores comunidades y regresan a actividades religiosas o buscan nuevas.

Un Despertar, como un fenómeno sociológico humano en lugar de una "obra soberana de la gracia de Dios", no necesariamente resulta en el crecimiento de la iglesia o en conversiones al cristianismo. El presidente John F. Kennedy popularizó un viejo aforismo de Nueva Inglaterra en un discurso pronunciado en 1963: "Una marea creciente levanta todos los barcos".[26] Si bien el dicho suele aparecer en los discursos económicos, también se aplica a un Despertar. Cuando una sociedad comienza a anhelar los valores espirituales, todas las formas de espiritualidad comienzan a recibir atención. Durante un Despertar, las iglesias crecerán, pero las mezquitas, sinagogas, templos hindúes, sitios de meditación budista y otras instituciones y grupos religiosos y espirituales también tienden a prosperar. También crecen las formas seculares de espiritualidad.

El Despertar de finales de la década de 1960 y los Setenta y los Ochenta no solo presentó el Movimiento de Jesús y el Movimiento Carismático, sino también el surgimiento de las religiones orientales, el movimiento Hare Krishna y la espiritualidad secular (o pseudo-espiritualidad) del movimiento hippie, con su amor libre y sus experimentos con drogas psicodélicas. **Ninguna ley de la historia o de la sociología requiere un Despertar para resultar en el crecimiento exclusivo del cristianismo por encima y en contra de todas las demás opciones. Si la Iglesia no brilla durante un Despertar, una gran oportunidad para la salvación de las naciones puede desperdiciarse.**

La noción de una espiritualidad secular puede no sonar familiar para los cristianos evangélicos, pero tal cosa existe. El movimiento posmoderno de justicia social de los últimos años, con sus conceptos de privilegio blanco, culpa blanca, racismo como pecado original de Estados Unidos y otros conceptos cuasi-reli, ha sido ampliamente descrito como una versión secularizada de la moralidad cristiana. Referido frecuentemente como "el Great Awokening" por observadores conservadores y liberales, haciendo conexión irónica con el concepto de "Great Awakening" en inglés, el movimiento aborda claramente las necesidades de sus seguidores para establecer un sentido de justicia personal en medio de la iniquidad social.[27] El intelectual liberal Matthew Yglesias compara el movimiento con el Segundo Gran Despertar y su movimiento abolicionista.[28] Jonathan Chait ha proclamado que el "Great Awokening" ha terminado, pero especula que una segunda presidencia de Trump podría avivarlo.[29] Como espiritualidad inherentemente política, incluso su mención suscita controversia y división entre los cristianos.

A lo largo de la historia de la humanidad, los despertares sociales han llevado al nacimiento y crecimiento de muchas religiones. Por ejemplo, el surgimiento del Islam ocurrió durante un despertar árabe en el siglo VII d.C. Nuevas religiones, sectas o cultos también prosperan en un Despertar. El Adventismo del Séptimo Día, una secta cristiana ortodoxa, surgió durante el Segundo Gran Despertar (1801-1824). Lo mismo hizo la Iglesia de Jesucristo de los Santos de los Últimos Días, más radicalmente nueva y no tan ortodoxa. La religión de los testigos de Jehová surgió durante el Despertar Misionero/Pentecostal (1886-1908). *Una temporada de despertar no garantiza que el cristianismo prospere, pero sí ofrece una oportunidad notable para la renovación y el crecimiento.*

De hecho, en algunos países que alguna vez prosperaron con el avivamiento y el crecimiento cristiano, otras religiones han reemplazado al cristianismo. Por ejemplo, Turquía, famosa por las Siete Iglesias de Asia en el Libro del Apocalipsis y la Iglesia Bizantina, cayó bajo el control del Islam en los siglos VII y VIII d.C. y apenas tolera el cristianismo hoy en día. La Europa postcristiana contemporánea ofrece un ejemplo de lo que puede suceder cuando las iglesias no prosperan y crecen en tiempos de oportunidades sociales. Mientras Estados Unidos experimentaba el Movimiento de Jesús durante el último Despertar, el cristianismo europeo languideció a raíz del desastre de la Segunda Guerra Mundial, en la que los llamados países cristianos casi se aniquilaron entre sí. La forma en que las iglesias responden a un Despertar tiene mucho que ver con si aprovecharán al máximo una oportunidad propicia o la perderán. El capítulo final de este libro ofrecerá consejos para aprovechar al máximo el próximo Despertar.

Estados Unidos ha experimentado cinco períodos de veinte años o más que podrían clasificarse correctamente como Despertares o incluso "grandes despertares". Como se mencionó anteriormente, siguiendo la teoria generacional de Strauss y Howe, identifico esos Despertares como el Despertar Puritano (1621-1649); el Primer Gran Despertar (1727-1746); el Segundo Gran Despertar (1800-1824, aunque yo lo fecharía como 1801-1824);[30] el Despertar Misionero/Pentecostal (1886-1908); y el Movimiento de Jesús/Movimiento Carismático (1964-1984).[31] Este libro espera que el próximo Despertar, el sexto fenómeno de este tipo en la historia de Estados Unidos, comience en algún momento de los próximos 20 a 25 años.

Nuestra nación surgió durante (y en parte, como resultado de) un Despertar en Inglaterra en la época de nuestros antepasados inmigrantes peregrinos y puritanos (y no importa si uno puede rastrear su ascendencia hasta ellos o simplemente ha llegado recientemente a América desde la parte más remota del mundo, esos primeros pioneros cuentan como los antepasados intelectuales y espirituales de todos los estadounidenses). Estados Unidos experimentó lo que los historiadores llaman el "Primer" Gran Despertar en 1725, el primer Despertar "de cosecha propia" que estableció el paradigma espiritual para la historia del avivamiento en nuestro país.

El Segundo Gran Despertar amaneció en 1801, lo que resultó en la plantación de miles de iglesias y el restablecimiento del dominio del cristianismo en la psique estadounidense que Alexis de Tocqueville reconoció en su famosa visita a América en la década de 1830. En la década de 1880, comenzó el Despertar Misionero, que no solo resultaría en millones de conversiones en Estados Unidos, sino también en el Movimiento Voluntario Estudiantil, que resultó en el envío de más de 20,000 misioneros transculturales a largo plazo de Estado Unidos a campos extranjeros.[32] El Despertar Misionero y su subyacente movimiento de santidad contribuyeron al mayor período de crecimiento en la historia cristiana en todos los rincones del mundo, además de dar a luz al Movimiento Pentecostal-Carismático. Este último desencadenó sucesivas oleadas de avivamiento que se han extendido hasta el punto de convertirse en la segunda categoría más grande de cristianos en el mundo (después del catolicismo romano). El quinto despertar en la historia de Estados Unidos comenzó en la década de 1960 con la explosión del Movimiento de Jesús y el Movimiento Carismático, que la reciente película, Jesus Revolution, narró y representó con una precisión y un poder asombrosos.[33]

Como los lectores habrán notado, un Despertar ha ocurrido aproximadamente cada ochenta años a lo largo de la historia de Estados Unidos. Eso puede parecer una mala noticia para los cristianos de la generación del baby boom como yo, que tal vez no vivamos para ver un momento de gran victoria potencial para la Iglesia. Pero en verdad, ¡ofrece esperanza y un gran desafío para todos los que viven hoy! A medida que nos acercamos más y más a ese Despertar, las personas experimentarán renovaciones personales que los establecerán como líderes de lo que Dios hará. Las iglesias experimentarán avivamientos que las prepararán para recoger la cosecha venidera, la siega más grande de almas que el mundo haya visto jamás, y tal vez la más grande que jamás verá. Plantaremos miles de iglesias en los años venideros.

La obra que Dios ha hecho para la Iglesia Americana realmente nos emocionará y nos sorprenderá. Y así como los Baby Boomers disfrutaron del privilegio de tocar en el escenario en el último Despertar, los últimos y los más longevos de ellos tendrán un gran asiento en el balcón para el próximo Despertar, desde el cual aplaudirán y alentarán y aconsejarán y orarán por sus hijos, nietos y bisnietos mientras los más jóvenes desempeñan los papeles principales en el gran drama de redención de Dios.

¿El próximo tiempo de búsqueda espiritual traerá un "gran despertar" como los cinco anteriores en los que el cristianismo prosperó y millones de estadounidenses se volvieron a la fe personal en Jesucristo y a la membresía en las iglesias de Estados Unidos, o el próximo Despertar dará lugar a otras formas de espiritualidad y no un rebote de la espiritualidad cristiana? Depende de si Dios ha terminado con nosotros y no derrama una obra soberana de gracia para avivar la Iglesia Americana. También depende de si los cristianos estadounidenses buscarán el rostro de Dios "con todo su corazón" (Jeremías 29:13).

El próximo capítulo expondrá una teoría generacional de la historia que ofrece una explicación de por qué se produce tal regularidad. Pero si los patrones de la historia se mantienen, podemos esperar que el Sexto Gran Despertar de Estados Unidos estalle entre 2040 y 2045, aunque ciertamente puede ocurrir antes que eso. Independientemente de cuándo llegue el próximo Despertar, Dios nos habrá preparado para él a través de un período extremadamente fructífero de preparación para el pueblo de Dios durante los próximos veinte años. Este libro busca decirles a las iglesias y a los cristianos estadounidenses qué esperar en los años desafiantes pero gloriosos que se avecinan para que puedan prepararse para las bendiciones y el trabajo del porvenir.

CAPÍTULO 3
LA TEORÍA GENERACIONAL Y EL PRÓXIMO DESPERTAR

La generación que alcanzó la mayoría de edad a finales de la década de 1960 demostró un fuerte rechazo de los valores de sus padres, con promiscuidad sexual, experimentación con drogas psicodélicas, protestas contra la guerra, el estilo de vida hippie, el pelo largo y la ropa extravagante. Un concepto definitorio para esa época surgió cuando el editor de la revista Look, John Poppy, introdujo la frase "brecha generacional" en 1967 para describir la creciente división entre los jóvenes y sus padres.[34] La brecha parecía radical en aquellos días, tal vez incluso más radical que la brecha generacional que separa a las múltiples generaciones de hoy. Pero las generaciones siempre han experimentado el mundo de manera diferente a lo largo de la historia de la humanidad.

Una de las preguntas clave sobre el tiempo es si procede en una dirección lineal o en una repetición cíclica. Algunas culturas ven el tiempo principalmente como cíclico, pero las sociedades occidentales, siguiendo la Biblia, lo entienden principalmente como una progresión lineal. Las Escrituras no solo nos dicen que Dios, en el principio, creó los cielos y la tierra (Génesis 1:1), sino que también predicen el fin de los tiempos y de toda la creación. Pedro escribió, describiendo el fin del mundo:

Puesto que todas estas cosas han de ser deshechas, ¡cómo no debéis vosotros andar en santa y piadosa manera de vivir, esperando y apresurándoos para la venida del día de Dios, en el cual los cielos, encendiéndose, serán deshechos, y los elementos, siendo quemados,

se fundirán! Pero nosotros esperamos, según sus promesas, cielos nuevos y tierra nueva, en los cuales mora la justicia (2 Pedro 3:11-13).

De manera similar, Juan el autor de Apocalipsis declara:

Vi un cielo nuevo y una tierra nueva; porque el primer cielo y la primera tierra pasaron, y

el mar ya no existía más. Y yo Juan vi la santa ciudad, la nueva Jerusalén, descender del cielo, de Dios, dispuesta como una esposa

> *ataviada para su marido. Y oí una gran voz del cielo que decía: He aquí el tabernáculo de Dios con los hombres, y él morará con ellos; y ellos serán su pueblo, y Dios mismo estará con ellos como su Dios. Enjugará Dios toda lágrima de los ojos de ellos; y ya no habrá muerte, ni habrá más llanto, ni clamor, ni dolor; porque las primeras cosas pasaron* (Apocalipsis 21:1-4).

Las Escrituras indican claramente que el tiempo llegará a su fin, dando paso a un día de luz eterna que nunca terminará. Si el tiempo (y el orden creado al que pertenece) tiene un principio y un final, entonces el tiempo es lineal.

Sin embargo, el tiempo también es innegablemente cíclico. Cada año, la tierra gira alrededor del sol, procediendo infaliblemente a través de las estaciones de primavera, verano, otoño e invierno. El orden de las estaciones se repite en un ciclo inherentemente inmutable.[35] Pero más allá de los ciclos físicos y naturales y las procesiones de las estaciones, los humanos han creído durante mucho tiempo que la historia se repite. El tiempo no es simplemente lineal. Incluso la observación casual de la historia humana sugiere una serie de aparentes repeticiones.

El tiempo nunca corre hacia atrás, y los asuntos humanos nunca se ven exactamente de la misma manera dos veces. La tradición atribuye a Mark Twain la cita: "La historia no se repite, sino que rima." Aunque ningún texto real que podamos descubrir lo confirme a él como autor de la frase, uno de sus contemporáneos, A. N. Mouravieff, escribió en 1845:

> La visión se repite; el sol oriental tiene una segunda salida; La historia repite su relato inconscientemente y se adentra en una rima mística; Las edades son prototipos de otras épocas, y el sinuoso curso del tiempo nos lleva de nuevo al mismo lugar.[36]

Karl Marx escribió, cínicamente, que el filósofo idealista alemán Hegel "observa en alguna parte que todos los grandes hechos y personajes de la historia mundial aparecen, por así decirlo, dos veces. Se olvidó de añadir: la primera vez como tragedia, la segunda como farsa".[37]

Independientemente de lo que hagamos con la naturaleza del tiempo, debemos reconocer que los seres humanos tienden a repetir los mismos errores que otros cometieron antes que ellos. Como escribió el Predicador en Eclesiastés:

> *Lo que se ha hecho se volverá a hacer, lo que se ha hecho se volverá a hacer: ¿Qué es lo que fue? Lo mismo que será. ¿Qué es lo que ha sido hecho? Lo mismo que se hará; y nada hay nuevo debajo del*
>
> *sol. ¿Hay algo de que se puede decir: He aquí esto es nuevo? Ya fue en los siglos*

que nos han precedido. No hay memoria de lo que precedió, ni tampoco de lo que sucederá habrá memoria en los que serán después (Eclesiastés 1:9-11).

En lugar de ver el tiempo como lineal o cíclico, parece mejor reconocer que avanza en una espiral cada vez más amplia, que no se repite exactamente a sí misma, sino que siempre recuerda los patrones del pasado. El crecimiento radical de la población humana, combinado con la increíble explosión de conocimiento y tecnología en nuestro tiempo, crea cambios cada vez más grandes y dramáticos en la sociedad a medida que la historia avanza en espiral como un Slinky, pero en la que las espirales se hacen cada vez más grandes a medida que avanza el tiempo.

Como se menciona en Eclesiastés, uno de los segmentos más importantes del tiempo bíblico es la *generación*. Las generaciones siempre han fascinado a los seres humanos, ya que casi nada nos deleita más que el nacimiento de nuestros hijos y nietos y sus hijos. Otro concepto clave es la **edad**. Bíblicamente hablando, una edad dura el tiempo de una vida humana. El Salmo 90, tradicionalmente atribuido a Moisés en la antigua nota al comienzo del Salmo, habla de generaciones y edades de la siguiente manera:

Señor, tú nos has sido refugio de generación en generación. Antes que naciesen los montes y formases la tierra y el mundo, desde el siglo y hasta el siglo, tú eres Dios . . . Los días de nuestra edad son setenta años; y si en los más robustos son ochenta años, con todo, su fortaleza es molestia y trabajo, porque pronto pasan, y volamos. (Salmo 90:1-2, 4-5, 10).

El salmista sugiere aquí que una edad humana dura de 70 a 80 años. Cada 20-30 años nace una nueva generación. Varias generaciones viven al mismo tiempo (a menudo cuatro o incluso cinco, ya que algunos humanos viven hasta los 100 años de edad), y siempre han luchado por entenderse entre sí.

Los hebreos se referían a una edad o vida como los "días" (*yomim*) de uno. Los griegos hablaban de la *Aion*, y los romanos usaban el término "*Saeculum*"--todo lo cual significaba (entre otras cosas) el lapso de una vida humana, que generalmente consideraban que duraba de 70 a 100 años.[38] En castellano, hablamos del "siglo", derivado del vocablo Latin "saeculum". (En la Antigüedad, un siglo consistía en un periódo indefinido entre 70-100 años. Actualmente definimos un siglo como cien años. Los dos sentidos se encuentran aquí; su significado depende de su contexto de uso.) Al hablar de la eternidad, el Nuevo Testamento se refiere al "siglo de los siglos", es decir, "por todas las vidas de la humanidad mientras dure el tiempo". Pablo combina referencias a generaciones y siglos al declarar su deseo de que Dios reciba "gloria en la iglesia y en Cristo Jesús por todas las generaciones del siglo de los siglos". (Efesios 3:21, mi traducción literal). Desde que los humanos han vivido, estos conceptos de generaciones y edades han medido nuestras vidas. Pero Pablo parece sugerir en Efesios que se espera un siglo eterno que incluirá a gente de todos los siglos, el siglo de los siglos.

La Teoría generacional de Strauss y Howe

Si bien muchos historiadores de la era moderna han tratado de comprender la naturaleza cíclica de las generaciones de una época a otra, la teoría más detallada y completa surgió en 1991 del trabajo de William Strauss y Neil Howe en *Generaciones: La historia del futuro de Estados Unidos, 1584 a 2069*.[39] En ese libro, analizan unos 400 años de historia de Estados Unidos para discernir cómo las generaciones pasan a lo largo de los siglos. *La teoría que propusieron puede ofrecer una lente poderosa para comprender nuestros tiempos, así como para predecir el momento del próximo despertar en Estados Unidos.*

De hecho, la Teoría Generacional de Strauss y Howe proporciona la columna vertebral del análisis y las predicciones contenidas en este libro. No todo el mundo está de acuerdo o acepta la teoría, ni debería hacerlo. *Es bueno y saludable tener una visión crítica de todas las teorías de las ciencias sociales, y leer este libro con cierto grado de escepticismo, y tal vez, un mayor grado de esperanza todavía.* Ninguna teoría puede explicar perfectamente la realidad, ya que las palabras en sí mismas solo expresan parcialmente la rica complejidad de la realidad en un marco reducido que cabe entre nuestros oídos.

Todo resulta más complicado de lo que podemos describir, y eso hace que la teoría sea increíblemente importante. Sin teoría, no podemos entender el mundo en absoluto. A veces la gente ve el conocimiento teórico como poco práctico, pero no entiende que la teoría hace posible toda acción. Toda percepción (vista, oído, olfato, tacto, gusto) se filtra a través de la teoría antes de que podamos actuar en consecuencia. Algunas personas piensan que el curry huele poco atractivo. Algunas personas piensan que sabe muy bien. Pero las personas que piensan que huele mal generalmente nunca descubren que sabe muy bien. Su teoría sobre el curry anula su voluntad de probarlo.

Muchos historiadores rechazan la Teoría Generacional de Strauss y Howe por varias razones, especialmente por su infalsabilidad, es decir, sus defensores no pueden probarla o refutarla mediante pruebas empíricas. Los datos de la historia tienen múltiples interpretaciones. Además, debido a que no podemos tener un registro perfecto de toda la historia, y dado que no podemos predecir de manera confiable el futuro, no podemos hacer afirmaciones absolutas sobre el significado del pasado o la forma del futuro.

Podemos estipular de antemano que la Teoría Generacional no explica todo sobre la historia ni predice perfectamente los acontecimientos del futuro. Pero puede proporcionar un marco para mirar la historia que puede orientarnos poderosamente en la proyección del futuro. Nuestra incapacidad para predecir los detalles del futuro no debe impedirnos planificarlo de acuerdo con las líneas que podemos discernir en el presente. Aquellos que no planifican para el futuro no pueden tener esperanza en él, pero este libro ofrece una expectativa muy plausible para el futuro que debería dar esperanza a cada generación viva de cristianos.

Este libro no tratará de presentar todos los detalles de la Teoría Generacional, ni siquiera proporcionará un resumen rico en notas a pie de página de la obra de Strauss y Howe. Las personas que quieran profundizar en la teoría pueden leer *Generations: The History of America's Future* para ver cómo los autores interpretan 400 años de historia estadounidense. Las personas que lean el libro de seguimiento de 1997, *The Fourth Turning: An American Prophecy,* pueden comparar y evaluar las predicciones de la teoría con los eventos reales del período de crisis que hemos vivido en las últimas dos décadas. *The Fourth Turning is Here: What the Seasons of History Tell us About How and When This Crisis Will End,* un libro de seguimiento reciente (2023) escrito por Neil Howe después de la muerte de Strauss, ofrece la presentación más avanzada de la teoría y sus predicciones para la segunda mitad de la década de 2020 y más allá.

Muchos lectores encontrarán la Teoría

Generacional convincente, pero sólo obtendrán aquí un breve y desenfadado resumen que deja fuera gran parte de la elegancia y la rica especificidad de la teoría tal como la desarrollaron sus autores. Deben leer los libros originales para tener una mayor comprensión. Este libro solo busca explorar las implicaciones de la teoría de Strauss y Howe para el avivamiento cristiano, el próximo Despertar y cómo la Iglesia debe prepararse para los años venideros.

Un resumen desenfadado y breve

A modo de interpretación y resumen de la teoría, las generaciones y *siglos* ofrecen los elementos clave de análisis para la teoría. Las generaciones han ocurrido cada 20 años más o menos desde los albores de la humanidad. Cada generación difiere de la que la precedió, en parte porque cada generación experimenta los acontecimientos de la historia desde diferentes puntos de vista. Los niños experimentaron la Segunda Guerra Mundial de una manera, los adultos jóvenes de otra, los padres de mediana edad la soportaron de manera diferente y los ancianos y abuelos gobernantes de otras maneras.

Cada generación tiene un nivel diferente de experiencia y madurez, ya que procesa la vida en diferentes momentos. Alguien que experimentó el alunizaje de 1969 cuando era niño (ya sea con fascinación embelesada o atención forzada) podría haber aspirado a convertirse en astronauta después de crecer, mientras que una persona mayor lo habría procesado de manera diferente. Muchas cosas afectan la forma en que las personas se relacionan con el mundo a lo largo de sus vidas, pero generalmente lo hacen como miembros de una generación.

Una vida suele incluir la experiencia de cuatro grupos generacionales simultáneos. Un niño en la historia del mundo ha tenido padres entre las edades de 20 y 50 años, abuelos entre las edades de 40 y 70 años, y bisabuelos entre las edades de 70 y 100 años, que difieren según las edades matrimoniales y sus edades de primer parto. A medida que una persona pasa de una etapa de la vida a la siguiente, surge una nueva generación para reemplazar a la más antigua a medida que muere. El Salmo 90 y Eclesiastés 1 lo describen todo bastante bien. La vida siempre ha funcionado así.

La teoría generacional añade un poderoso elemento interpretativo a la progresión natural de las generaciones. De manera similar a la forma en que la naturaleza organiza un conjunto anual de estaciones (primavera, verano, otoño e invierno), las sociedades experimentan una repetición cíclica en el transcurso de lo que podríamos llamar "estaciones generacionales". Strauss y Howe llaman a la primera temporada una "Cumbre", caracterizado por un auge económico y un éxito social que dura unos 20 años.

Una Cumbre corresponde a la primavera. Durante esa temporada, los adolescentes y los adultos jóvenes experimentan una cierta desilusión con el dinero y el éxito y comienzan a anhelar valores más profundos, la prosperidad espiritual. (Todo el mundo considera que el dinero es "la respuesta" hasta que lo consiguen, y sus hijos tienden a concluir que el dinero no proporciona la respuesta). Como resultado, su transición a la edad adulta tiende a provocar un "Despertar", una temporada de verano en la que la sociedad en su conjunto se toma un tiempo libre para dedicarse a cosas espirituales. Las instituciones religiosas y espirituales, así como las espiritualidades seculares, experimentan un crecimiento y una atención generalizada durante unos 20 años, hasta que la próxima generación de niños llega a la edad adulta.

Los hijos de un Despertar, para disgusto de sus padres, se han curtido en los bancos y esencialmente saben cómo se hace la salchicha. Tienden a mostrar más escepticismo e incluso cinismo sobre la religión y la espiritualidad, y de hecho, sobre las propias instituciones. A medida que se convierten en adultos, la sociedad comienza una temporada de "Desenredo", correspondiente al otoño. Las claridades morales se vuelven más turbias. El auge económico de la Cumbre pasa a un segundo plano, al igual que la intensidad espiritual del Despertar, y la sociedad comienza un proceso de decadencia y pérdida de comunidad. Las esperanzas ya no son tan altas como antes. La desilusión se instala en un período de veinte años.

En la cuarta etapa, la sociedad choca contra la pared en un período invernal de crisis. Se producen recesiones y depresiones económicas, estallan grandes guerras, los desastres naturales tienen un impacto más fuerte. Las instituciones se rompen y cierran. Los gobiernos se involucran más en la vida cotidiana de los ciudadanos (e interfieren en ella). A medida que la crisis llega a su fin y la sociedad resuelve los problemas producidos por la crisis, un nuevo ciclo comienza de nuevo con un nuevo subidón y un renacimiento de la prosperidad y la esperanza y la vida comunitaria e institucional.

Strauss y Howe ilustran bellamente los cuatro ciclos de un *saeculum* a través de un análisis de la totalidad de la historia de Estados Unidos. No sugieren que las estaciones/ciclos funcionen como un reloj, y todo tipo de interrupciones históricas pueden interferir con su ritmo. A veces, cuando sociedades enteras desaparecen o experimentan un período prolongado de crisis, sus ciclos llegan a su fin. Estados Unidos, sin embargo, ha experimentado una notable regularidad de ciclos a lo largo de los años de su historia. **Obviamente, Dios no tiene que seguir la Teoría Generacional para determinar los asuntos de la humanidad ni para responder a ellos**, incluso si la teoría realmente describe la forma normal de Dios de tratar con las sociedades. De hecho, una de las críticas que los historiadores han hecho a la teoría se opone a su determinismo. Los teólogos cristianos, al igual que los historiadores, filósofos y físicos seculares, han dedicado un esfuerzo considerable a tratar de explicar la relación entre el determinismo/predestinación y el libre albedrío sin resolver el misterio, y no necesitamos intentar hacerlo aquí.

El siguiente capítulo considera la historia de Estados Unidos en estas mismas líneas de análisis para proyectar cómo pueden ser los próximos cuarenta años. Aquellos que anhelan un avivamiento encontrarán una gran esperanza en los años venideros.

Capítulo 4 Los ciclos de la historia de Estados Unidos

Consideremos la historia estadounidense de los últimos dos siglos según las categorías de Strauss y Howe. En 1801, el **Segundo Gran Despertar** comenzó con el avivamiento de Cane Ridge en una reunión campestre presbiteriana en Kentucky, que atrajo a multitudes de hasta 20.000 personas. Durante las décadas siguientes, los predicadores bautistas y metodistas apasionadamente llevaron a cabo avivamientos y plantaron iglesias a lo largo de las fronteras del Medio Oeste y del Sur a medida que millones de estadounidenses se volvían a la fe cristiana. Considerado el "avivamiento más influyente en la historia de Estados Unidos" por el eminente historiador de la iglesia Mark Noll, sentó las bases para el país altamente religioso en el que se convertiría Estados Unidos.[40] De ella surgieron también importantes movimientos reformistas, como el movimiento abolicionista.

En 1828, después del Despertar, el Desenredo aceleró con la elección de Andrew Jackson, un héroe militar y un hombre rudo del pueblo. Jackson es responsable del trato cruel de los nativos americanos en la Ley de Remoción de Indios y el Sendero de Lágrimas (1830-1850), en el que los militares obligaron a las poblaciones indígenas de Estados Unidos a salir de los estados del sureste hacia Oklahoma, el nuevo "Territorio Indio". Después de Jackson, la política estadounidense produjo una larga serie de líderes mediocres que no lograron resolver los crecientes problemas de la nación. El Pánico de 1837 dio lugar a una larga depresión económica que duró hasta el período de crisis de mediados de la década de 1840, con múltiples recesiones hasta la década de 1850.

En 1846 se inició un periodo de **crisis** con la conquista de tierras mexicanas en el Oeste por medio de la Guerra México-Americana (1846-1848). Los años que siguieron se caracterizaron por la expansión de la esclavitud y el conflicto moral que conduciría a la secesión de los estados sureños y al comienzo de la Guerra Civil, el mayor período de conflicto y división en la historia de la nación. Mucha gente considera que la crisis moral actual es la más grave de toda la historia de Estados Unidos, pero difícilmente podemos imaginar un clima moral peor que uno en el que hermanos y parientes cercanos pelearon y se mataron unos a otros por la cuestión de si seguir esclavizando a otros seres humanos.

Como predice la Teoría Generacional, Estados Unidos entró en un **Cumbre** tras el final de la Guerra Civil en 1865. La presidencia de Ulysses S. Grant vio una increíble prosperidad y el desarrollo del oeste americano con la finalización del Ferrocarril Transcontinental en 1869. El ascenso de los "barones ladrones" comenzó durante esos años de rápida expansión económica. Conocida como la Edad Dorada, su riqueza perdura en las enormes casas victorianas que todavía adornan los barrios residenciales del centro de los pueblos y ciudades de Estados Unidos en la actualidad.

Después de veinte años más o menos, surgió un **Despertar**, liderado por el Movimiento de Santidad, tanto de rama wesleyana como keswickiana. Evangelistas y maestros como D. L. Moody, A. T. Pierson, A. J. Gordon, C. I. Scofield, A. B. Simpson, C. H. Spurgeon (y casi cualquier otra persona con dos iniciales y una Biblia) lideraron avivamientos notables, disfrutaron de un gran número de seguidores y fundaron nuevas denominaciones. Quizás el mayor fruto de este Cuarto Despertar americano fue el nacimiento del Movimiento Voluntario Estudiantil, fundado en 1886, que resultó en que más de 20.000 estadounidenses respondieran a un llamado al servicio misionero en el extranjero. (Antes de 1870, los Estados Unidos solo habían producido unos 2.000 misioneros en 200 años).

Esos misioneros tuvieron un enorme efecto en la evangelización del mundo a lo largo de sus vidas y en las generaciones subsecuentes, contribuyendo al mayor período de crecimiento de la iglesia en la historia hasta ese momento. Strauss y Howe se refieren al cuarto Despertar como el "Despertar Misionero", que yo llamaría el Despertar Misionero/Pentecostal debido al creciente interés en el Bautismo en el Espíritu Santo después de 1870 que dio lugar al nacimiento prácticamente simultáneo del pentecostalismo en todo el mundo. Pero el albor del pentecostalismo y su dispersión mundial a través del avivamiento de la calle Azusa (1906-1908) le dio al Despertar una larga cola. A medida que el pentecostalismo se afianzó en todo el mundo, tuvo un papel importante en la extensión de la cadena continua de avivamientos que vinieron a raíz del Despertar en Estados Unidos y en el extranjero durante los siguientes 100 años.

El Cuarto Despertar continúa teniendo un efecto a través de los movimientos que dio a luz, pero su control sobre Estados Unidos comenzó a ceder a un **Desenredo** alrededor de 1908 cuando Teddy Roosevelt dejó el cargo (en cumplimiento de una promesa imprudente de no buscar la reelección) y luego trabajó para socavar a su sucesor elegido a dedo, William Howard Taft. La presidencia de Woodrow Wilson llevó a Estados Unidos a la Primera Guerra Mundial, seguida por la escandalosa administración de Warren Harding, quien murió en el cargo. Los Rugientes Años 20 con sus características "Flappers" y el declive de los estándares morales, el ascenso de la Ley Seca y los mafiosos que infestaban las ciudades de Estados Unidos, y un mercado de valores desbocado que terminó el Viernes Negro con la caída de la bolsa de valores de 1929, enviaron a Estados Unidos de lleno a un nuevo **ciclo de crisis**.

La crisis de 1929-1945 fue un desastre, con la Gran Depresión enviando las tasas de desempleo al 25%, la expansión masiva del gobierno bajo Franklin Roosevelt y la adopción de programas socialistas de estado niñera y, finalmente, la entrada de Estados Unidos en 1945. El mundo entero se enfrentó a la crisis más grave de la historia de la humanidad con el esfuerzo de Hitler por establecer el Tercer Reich, los esfuerzos de Japón por apoderarse de la región de Asia-Pacífico, el Holocausto, la muerte de millones de personas debido a la guerra y el bombardeo nuclear de Japón.

De la gran crisis, sin embargo, surgió una gran **Cumbre** . El liderazgo estadounidense en el mundo después de la conferencia de Bretton Woods que estableció el Orden Económico Mundial de la posguerra resultó en un crecimiento económico espectacular con la reconstrucción de Alemania y Japón y una era conocida como la Edad de Oro del Capitalismo. Las naciones colonizadas del mundo obtuvieron su independencia y atrajeron inversiones económicas masivas. El Movimiento por los Derechos Civiles transformó las relaciones raciales estadounidenses, y la carrera espacial dio lugar a los alunizajes del Apolo, ya que los avances en la informática establecieron una nueva era de desarrollo tecnológico. El auge económico posterior a la Segunda Guerra Mundial fue el mayor de la historia hasta ese momento, sirviendo a una población mundial en rápido crecimiento.

Un **Despertar** comenzó a surgir a finales de la década de 1960, cuando los jóvenes comenzaron a tener hambre de experiencias espirituales. En tiempos difíciles, la gente piensa que el dinero resolverá todos sus problemas; en los auges económicos, disfrutan de su nueva prosperidad. Pero la generación de niños que crían en abundancia se da cuenta rápidamente de que necesitan algo más que dinero para encontrar la realización como seres humanos. Los niños del Baby Boom de la era posterior a la Segunda Guerra Mundial querían algo más que dinero cuando llegaron a la edad adulta, rechazando los valores de sus padres y buscando "encontrarse a sí mismos". La Revolución Sexual que comenzó después de la Segunda Guerra Mundial llevó a los jóvenes a buscar la trascendencia en el sexo y el "amor libre", la protesta contra la guerra, las drogas psicodélicas, las religiones exóticas y nuevas, pero el vacío espiritual de estos experimentos condujo rápidamente a un giro religioso.

Para 1970, el Movimiento de Jesús había irrumpido en escena y continuaría transformando las vidas de millones de estadounidenses. Entrelazado con él vino el Movimiento Carismático, que surgió del Movimiento Pentecostal que había comenzado en el despertar anterior y se había extendido por todo el mundo. El énfasis pentecostal-carismático en la presencia inmediata de Dios a través de la morada y las manifestaciones del Espíritu Santo influyó en todas las denominaciones protestantes. La Iglesia Católica Romana también sintió el impacto del pentecostalismo en la Renovación Carismática que comenzó notablemente en la Universidad de Duquesne en 1966 y se extendió rápidamente a la Universidad de Notre Dame. Como resultado de este poderoso eco de los Despertares anteriores, se produjo el mayor crecimiento mundial del cristianismo en la historia, con casi cuatro veces más cristianos viviendo en el mundo hoy que en 1910.[41]

Desafortunadamente, incluso el más grande de los despertares finalmente declina, y los escándalos de los Televangelistas de 1987-89 sirvieron como una poderosa evidencia de que el Desenredo había comenzado. Los últimos años de la administración Reagan estuvieron empantanados en el escándalo Irán-Contras y en las quiebras emergentes de Ahorros y Préstamos. Le siguió la presidencia de un solo mandato de George H. W. Bush, estropeada por las promesas incumplidas de "no nuevos impuestos" a medida que las luchas presupuestarias traían conflictos fiscales. La administración Clinton, plagada de escándalos, vino después con la debacle por causa de Monica Lewinsky y un posterior juicio político, y la administración de George W. Bush se enfrentó a la falsa crisis del Y2K, la quiebra de los puntocom, los horribles ataques terroristas del 11 de septiembre de 2001 y los comienzos de las guerras de Irak y Afganistán, lo que llevó al comienzo de un período de **Crisis** a gran escala en 2007.

La crisis financiera mundial de 2007-2008 trajo consigo el revés económico más grave desde la Gran Depresión y dio origen al último ciclo de veinte años. En las décadas siguientes, el mundo se enfrentaría no solo al desafío económico, sino también a la pandemia de COVID-19, la guerra entre Rusia y Ucrania y la bárbara masacre de judíos en Israel por parte de Hamas el 6 de octubre de 2023. El fracaso de los líderes más jóvenes para emerger en Estados Unidos llevó al gobierno gerontocrático de los presidentes más viejos de Estados Unidos, Donald J. Trump y Joseph R. Biden. Durante sus administraciones, el país enfrentó la polarización política más grave desde la Guerra Civil.

¿Cuándo y cómo terminará el Período de Crisis? Neil Howe espera que "Estados Unidos salga del invierno y entre en primavera a principios o mediados de la década de 2030".[42] El futurólogo y consultor geopolítico húngaro-estadounidense George Friedman predijo, en su libro de 2020 *The Storm Before the Calm: America's Discord, the Coming Crisis of the 2020s, and the Triumph Beyond,* que Estados Unidos saldría de este período de crisis a finales de la década de 2020.[43] Basándose en otras teorías cíclicas de la historia, considera que el "ciclo institucional de ochenta años" de Estados Unidos y su "ciclo socioeconómico de cincuenta años" convergerán a finales de la década de 2020, trayendo agitación social, conflictos potenciales y una resolución de la polarización y las guerras culturales que experimentamos en el pasado reciente. Como predijo Friedman en su libro anterior de 2009, *The Next 100 Years: A Forecast for the 21st Century,* una vez más proyectó que Estados Unidos volverá a una posición de fuerza, riqueza continua y poder global.[44]

La interpretación de la historia cíclica en los Estados Unidos me hizo preguntarme si una historia bíblica demostraba un patrón similar. Aquellos que encuentren interesante esta pregunta pueden encontrar un análisis de la historia del Reino de Judá (comenzando con Saúl en el Apéndice 1.

Los estadounidenses tienen muy buenas razones para confiar en las predicciones de Friedman sobre su futuro, una de las cuales depende de la naturaleza de Dios, que responde a las oraciones del pueblo de Dios y nos bendecirá, o con el Regreso de Cristo en los próximos 20 años o con otro Despertar que nos dará combustible espiritual para los años venideros. La teoría generacional predice una Cumbre en algún momento durante los próximos 20 a 25 años, y Estados Unidos todavía disfruta de la mejor economía del mundo debido al tamaño masivo de nuestro mercado interno, la increíble riqueza de nuestras tierras agrícolas y el atractivo duradero de nuestro país para los inmigrantes más brillantes y ambiciosos del mundo, especialmente de aquellos países que se perfilan como nuestras amenazas más graves. Es difícil derrotar a una nación (Estados Unidos) cuando todos tus mejores ciudadanos quieren emigrar a ese país y convertirse, bueno, en estadounidenses.

Sin embargo, hay obstáculos que se interponen en el camino hacia la próxima Cumbre. El "Indicador Buffett", que compara el valor total del mercado de valores estadounidense con el Producto Interno Bruto, considera que las acciones están "extremadamente sobrevaloradas".[45] Una gran caída del Wall Street podría ocurrir en cualquier momento, creando pérdidas masivas para los inversores y tiempos difíciles durante un tiempo, pero también eventualmente estableciendo una base más sólida para el crecimiento económico. También nos enfrentamos a una crisis mundial de la deuda soberana, que el secretario general de las Naciones Unidas ha calificado como una de "las mayores amenazas para la paz mundial".[46] Estados Unidos tiene la deuda soberana más grande del mundo, con decenas de billones de dólares adeudados a sí mismo y a los inversores globales. Tenemos también una tasa de inflación obstinada y tasas de interés que continúan siendo altas y que muestran pocos signos de disminuir. El Fondo Monetario Internacional advirtió recientemente a

Estados Unidos que "los déficits presupuestarios del gobierno estadounidense y su carga de deuda creciente representan 'un riesgo creciente' para la economía mundial" a pesar de su reconocimiento de que Estados Unidos ha tenido "un desempeño económico estelar" desde el final de la pandemia".[47]

Nos enfrentamos a una vulnerabilidad real a la hiperinflación, ya que las naciones BRICS (Brasil, Rusia, India, China y Sudáfrica) resienten nuestra larga racha ganadora y conspiran constantemente para poner fin al dominio del dólar.[48] Las fuerzas armadas totalmente voluntarias se enfrentan a una grave crisis de reclutamiento, y constantemente escuchamos que Estados Unidos se ha cansado de servir como el policía del mundo.[49] Ese papel consiste principalmente en la seguridad que la Armada de los Estados Unidos proporciona al actual sistema económico globalizado para proteger las rutas marítimas y garantizar la estabilidad de las cadenas de suministro globales.

El estratega geopolítico Peter Zeihan predice, en su libro de 2022 *The End of the World is Just the Beginning: Mapping the Collapse of Globalization*, que la globalización fracasará pronto precisamente porque Estados Unidos ha perdido interés en mantenerla en marcha y se alejará de su patrullaje integral de los mares. Cree que el próximo fin de la globalización y el colapso de la población mundial provocarán hambrunas y guerras en todo el mundo, que Estados Unidos no vigilará ni resolverá. Aun así, cree que Estados Unidos reconstruirá su sector manufacturero y satisfará sus propias necesidades mientras deja que el mundo siga su propio camino.

La predicción de Zeihan sobre el fin de la globalización puede fracasar, pero juzga correctamente que Estados Unidos encontrará una manera de prosperar en el futuro. Esa prosperidad futura probablemente esté a solo unos años de distancia, y los resultados de las elecciones presidenciales de 2024 darán forma a los próximos cuatro años de manera impredecible. Pero quienquiera que sea el próximo presidente de Estados Unidos tendrá una oportunidad increíble de liderar el fin de las guerras culturales (formar un Estados Unidos que acepte vivir y dejar vivir en una variedad de cuestiones morales que nos han dividido recientemente y durante décadas pasadas). Es probable que el próximo presidente (o el siguiente) se enfrente a una crisis mundial de deuda soberana (es decir, deuda en manos de los gobiernos) y posiblemente incluso a una crisis hiperinflacionaria.

Probablemente podemos suponer que los economistas en el gobierno ya han "jugado a la guerra" sobre cómo desinfectarían la deuda de Estados Unidos y reemplazarían el dólar. Si la experiencia relativamente reciente de los colapsos monetarios en Ecuador y El Salvador ofrece alguna guía, la "muerte del dólar", como predijo el maestro de profecía Willard Cantelon, probablemente conduciría a un par de años de austeridad. Seguiría un increíble auge económico, después de que el mundo se diera cuenta de que todos los edificios y productos de la financiación de la deuda seguían en pie. Todo el mundo seguiría necesitando bienes y servicios, y todas las personas del mundo se habrían cansado de la austeridad y se sentirían dispuestas a luchar económicamente.

¡Los próximos 25 años nos darán un viaje salvaje! Y cuando termine, la mejor hora de la iglesia americana bien podría haber llegado. Tenemos un par de décadas para planificarlo y construirlo. Si bien la forma del futuro siempre puede sorprendernos, y el ciclo generacional podría sufrir retrasos o incluso llegar a su fin, el marco proporcionado por la Teoría Generacional tal vez presente el escenario más probable para el futuro. Siempre es posible que Estados Unidos se quede sin fuerza en los próximos años, como lo han hecho todas las demás grandes sociedades de la historia. Una segunda guerra civil podría poner fin a Estados Unidos tal como lo conocemos, como algunos predicen. Jesús podía regresar en cualquier momento para traer el fin de los tiempos. Pero el futuro inmediato más probable exige una resolución de nuestro malestar actual, un período de euforia social, y el Sexto Gran Despertar a su debido tiempo. Por lo tanto, el próximo capítulo profundizará en la teoría generacional para sugerir cómo serán las próximas generaciones de líderes espirituales.

Ciclos de la historia de Norteamericana (1725-2065)

Ciclo	Fechas	Eventos
Despertar	1621–1649	El Despertar Puritano (#1). Aunque los historiadores acuñaron la frase "Primer Gran Despertar" para referirse a un evento posterior, este evento fue el primer Despertar espiritual en la historia de América del Norte
Desenredo	1649–1675	Restauración de la familia Stewart en el trono
Crisis	1675–1704	La "Revolución Gloriosa", cambio dinástico
Cumbre	1704–1727	La Ilustración Inglesa
Despertar	1727-1746	El Primer Gran Despertar
Desenredo	1746-1773	Guerra franco-

		india
Crisis	1773-1789	La Guerra de la Independencia y los Artículos de la Confederación
Cumbre	1789-1804	Crecimiento económico en la nueva República
Despertar	1801-1824	El Segundo Gran Despertar, Cane Ridge, Abolicionismo
Desenredo	1824-1845	Sendero de lágrimas, Pánico de 1837, depresión económica
Crisis	1845-1865	Guerra Mexicana, Recesiones, Guerra Civil
Cumbre	1865-1886	Años de U.S. Grant, expansión hacia el oeste, ferrocarriles
Despertar	1886-1908	Movimiento de Santidad, Movimiento Voluntario Estudiantil, Pentecostalismo
Desenredo	1908-1929	La Primera Guerra Mundial,

		los locos años 20, la Ley Seca y las turbas
Crisis	1929-1946	La Gran Depresión y la Segunda Guerra Mundial
Cumbre	1946-1968	El auge posterior a la Segunda Guerra Mundial y el desarrollo global poscolonial
Despertar	1968-1986	El movimiento de Jesús, el movimiento carismático
Desenredo	1987-2007	Escándalos de Televangelistas, Monica Lewinsky, Y2K, Punto Com Bust, Ataques del 9/11
Crisis	2007-2028	Crisis financiera mundial, guerras de Irak y Afganistán, pandemia de COVID-19, presidencias de Trump y Biden, guerra entre Rusia y Ucrania, guerra de Gaza, crisis

		monetaria/de deuda soberana
Cumbre	2028--2045	Éxito
Despertar	2045-2065	El Sexto Gran Despertar[50]

CAPÍTULO 5 LAS GENERACIONES ACTUALES
y el Próximo Despertar

La Teoría Generacional sugiere que las generaciones experimentan una profunda configuración a través de las circunstancias que experimentan (eventos como el 11 de septiembre o los asesinatos de John y Robert Kennedy y Martin Luther King, Jr. o el Viernes Negro, la caída de la bolsa de valores en 1929). Pero el período de la vida en el que experimentan crisis sociales también los moldea. Sería un profundo error que alguien asumiera que todos los miembros de una generación piensan y actúan de la misma manera. Utilizar la Teoría Generaciónal de tal manera que imponga un carácter determinista a cada miembro de una generación constituiría un enfoque poco sabio. Cada persona responde individualmente a los eventos y desafíos de su tiempo y desarrolla una personalidad y un carácter únicos. Sin embargo, los miembros de una generación parecen compartir ciertas características comunes, por lo menos en el agregado, de acuerdo con sus experiencias comunes de los eventos de su era.

Así como Strauss y Howe proponen cuatro ciclos para cada siglo *(Cumbre, Despertar, Desenredo y Crisis)*, describen cuatro "arquetipos" generacionales que definen a cada generación de adultos jóvenes: artista, profeta, nómada y héroe. **Las generaciones de artistas** se enfrentan a la Crisis cuando son niños, cuando aprenden a sacrificarse por el bien de sus familias y comunidades. Se convierten en adultos jóvenes durante una Cumbre como conformistas, habiendo aprendido a resignarse durante la crisis. Tienden a una orientación procesual más que al idealismo. A los 40 y 50 años experimentan un Despertar, al que responden con cierta frialdad y escepticismo. En su vejez gobiernan sabiamente. **Las generaciones de profetas** se definen a sí mismas durante un Despertar y tienden a evangelizar por su causa y por una vida espiritual exaltada. Positivos y optimistas, habiendo crecido en la prosperidad, gobiernan con éxito durante una crisis. **Las generaciones nómadas** encuentran definición durante un Desenredo y tienden a la alienación y a la sospecha de las instituciones. Comienzan su vida durante un Despertar, al que reaccionan con recelo durante la adolescencia o la edad adulta temprana. Tienden a sentirse desprotegidos e ignorados por sus padres. En su juventud se vuelven pragmáticos en lugar de idealistas y se alejan de instituciones sociales como la iglesia. En su vejez, gobiernan con pragmatismo. Y, por último, **las generaciones de héroes** crecen durante un Desenredo y sufren sobreprotección cuando son niños. Cuando se convierten en adultos jóvenes, experimentan una Crisis, durante la cual tienden a preferir trabajar en equipo y con optimismo. Alcanzan la mayoría de edad durante una Cumbre y conducen a la sociedad hacia la prosperidad mediante la renovación de instituciones sociales como la iglesia.

Strauss y Howe señalan que las generaciones de profetas y héroes tienen un **carácter dominante**, mientras que las generaciones nómadas y artísticas adoptan una **posición recesiva**, alternándose según los desafíos que las definen como generación. Para ilustrar los diferentes tipos generacionales, la generación **de héroes** que luchó en la Segunda Guerra Mundial y presidió la Edad de Oro del Capitalismo ha sido llamada "La **Generación Más Grande**". Resistieron con éxito una Crisis a los 20 y 30 años, supervisaron una época de gran prosperidad durante los 40 y 50 años, y gobernaron en medio de un Despertar durante su vejez. ¡Experimentar problemas durante los años de mejor salud y fuerza ofrece un gran beneficio! Nadie quiere enfrentarse a una Crisis en la tercera edad. La actuación heroica de la Generación Más Grande en su juventud los formó para ser una generación dominante.

La generación **de artistas** que siguió a la Generación Más Grande surgió entre 1925 y 1942 y experimentó la Gran Depresión y la crisis de la Segunda Guerra Mundial cuando eran niños. Llamados la **"Generación Silenciosa"**, disfrutaron del auge económico de la Cumbre posguerra durante su juventud (evitando la necesidad de dar un paso adelante como héroes) y llegaron al Despertar del Movimiento de Jesús como padres durante sus 40 y 50 años, saludándolo con una actitud conservadora y suspicaz. Experimentaron la vejez en un período de Desenredo. Como generación recesiva, estaban destinados a no destacar.

En general, tuvieron un desempeño deficiente en la línea de sucesión presidencial. Jimmy Carter (nacido en 1924 y que asistía a la universidad en lugar de luchar en la Segunda Guerra Mundial) vio cómo su presidencia sufría un rotundo rechazo nacional cuando la nación retrocedió a la Generación Más Grande en la elección de Ronald Reagan en lugar de confiar en la nueva generación de líderes. George H. W. Bush, nacido el mismo año que Jimmy Carter, luchó en la Segunda Guerra Mundial y compartía más las características de la Generación Más Grande, aunque su presidencia también sufrió el rechazo cuando el país se volcó hacia el joven Bill Clinton en lugar de dejar gobernar a otro miembro de la

Generación Silenciosa.

Como se mencionó anteriormente, muchos miembros de la Generación Silenciosa recibieron el Movimiento de Jesús y el Movimiento Carismático con sospecha y cautela, incluso rechazo, pero algunos líderes, especialmente los pastores pentecostales, asumieron bien el desafío del liderazgo. El pastor Chuck Smith (nacido en 1927), representado en la película "La Revolución de Jesús", superó su escepticismo inicial hacia el Movimiento de Jesús y proporcionó un liderazgo estelar en la canalización del movimiento en forma institucional en las iglesias de Calvary Chapel.[51] Otras iglesias pentecostales, como las Asambleas de Dios y una miríada de iglesias independientes, experimentaron un crecimiento masivo.

Muchos pastores de la Generación Silenciosa abrazaron a los nuevos creyentes, que inundaron sus iglesias llenos de increíble celo espiritual y pasión, con sus ropas hippies, nuevos estilos musicales y espíritu revolucionario. Los pastores mayores reinterpretaron las tradiciones de la espiritualidad cristiana para los jóvenes y transmitieron las estructuras doctrinales cristianas históricas, ayudando a los jóvenes a templar su entusiasmo con sabiduría y tradición. En la próxima generación, la generación artista (Generación Z), junto con la Generación Milénica mayor, tendrán una gran oportunidad de hacer lo mismo por la generación aún no nacida que experimentará el Despertar como adolescentes y adultos jóvenes.

Baby Boomers y Generación X

Luego vino una generación **de profetas**. Los **Baby Boomers** (nacidos **entre 1943 y 1964**) experimentaron la prosperidad de una Cumbre en su infancia, el Despertar durante su juventud (lo que los convirtió en "profetas"), el Desenredo en su madurez y la Crisis durante su ciclo de vejez. Bill Clinton (que llegó al gobierno a una edad temprana y antes de tiempo, eclipsando a los líderes de la generación anterior) se quejó una vez en una conversación informal de que no podía alcanzar la grandeza como presidente porque gobernó en una época de calma.[52] Pero otros miembros de su generación se quedarían más allá de su tiempo para enfrentar la crisis de los años 2000 al presente.

Los primeros Boomers como Trump y Biden gobernaron el país en su avanzada vejez porque la siguiente generación no se vio a la altura del desafío del liderazgo, siendo una generación **nómada recesiva**. Los miembros de la Generación X (nacidos entre 1965 y 1981) experimentaron el Movimiento de Jesús y el Movimiento Carismático en su infancia y llegaron a sentir recelos hacia la religión. Vieron mucha hipocresía y drama en la iglesia (y en la sociedad en general) durante sus primeros años y se mostraron reacios a aceptar las experiencias religiosas y las membresías sociales de sus padres. Cuando los observadores comenzaron a reconocerlos por primera vez en la década de 1990, algunos observadores predijeron que no ocuparían su lugar de liderazgo institucional en grandes cantidades y que serían pasados por Cumbre para el liderazgo en favor de la próxima generación. Esa predicción ha demostrado ser cierta en general.[53] Solo el tiempo dirá si la Generación Milenial usurpará el turno de los políticos de la Generación X.

El libro de Robert Putnam de 2000, *Bowling Alone: The Collapse and Revival of American Community* describe la pérdida de capital social en Estados Unidos a medida que la gente dejaba de participar cada vez más en organizaciones voluntarias y no organizaba actividades grupales.[54] La Generación X ciertamente no tiene la culpa de esa tendencia, pero hizo poco para restaurar las instituciones sociales de Estados Unidos. Los miembros de la Generación X se definieron a sí mismos durante el Desenredo y sufrieron la Crisis con cierto estoicismo. Abandonaron la iglesia en grandes cantidades, al igual que las generaciones que les sucedieron, y muchos de ellos criaron a sus hijos con poca o ninguna formación religiosa, estableciendo "el ascenso de los Nones".

Los Milénicos

Los teóricos generacionales aclamaron a la siguiente gencración como una **generación de**

héroes, llamándolos los **Milenicos** (nacidos entre 1982 y 2005). Entraron en el mundo durante el Desenredo y se definieron a sí mismos durante la crisis, luchando en Irak y Afganistán, creando redes sociales y criptomonedas, y liderando en una época de avance tecnológico sin precedentes. Figurarán como héroes económicos durante la Cumbre que se avecina, pioneros tecnológicos que cambiarán el mundo y darán nueva vida a instituciones como la iglesia. Actualmente plantan la mayoría de las iglesias nuevas, y fundarán muchas más en los próximos años de prosperidad.

Los Milénicos se parecerán a la Generación Más Grande y tendrán un fuerte impacto durante el próximo Despertar en sus 50 y 60 años, un fenómeno que nunca antes habrán experimentado, pero que parece probable que acepten. Escucharon de los padres y abuelos acerca de las glorias del Movimiento de Jesús y vieron la película Revolución de Jesús, y los líderes cristianos entre ellos anhelan ver un avivamiento en las iglesias y un Despertar en la sociedad. Los jóvenes que lideran el Sexto Gran Despertar los verán como aliados confiables y buscarán en ellos para que los guíen. La sociedad en su conjunto esperará que tengan un período prolongado de gobernanza.

Generación Z

La generación actual de jóvenes ha sido etiquetada como Generación Z (nacidos entre 2006 y el presente), aunque la etiqueta genérica puede dar paso a algo más descriptivo en el futuro a medida que se cristalice su momento decisivo. Nacidos durante la crisis actual y fuertemente afectados por la pandemia de COVID-19 y la respuesta fallida de la sociedad a la misma, los miembros de la Generación Z encontrarán definición en la próxima Cumbre. Algunos observadores los han llamado los Zoomers porque sufrieron muchas reuniones de Zoom.

La Teoría Generacional sugiere que se perfilarán como una generación **de Artistas recesiva** como la Generación Silenciosa antes que ellos. Aunque algunos observadores quieren reemplazarlos precozmente con la llamada generación Alfa, solo el tiempo dirá cuándo emerge la próxima generación. Las generaciones definitivamente tienen fronteras difusas, ya que las personas nacidas hacia el final de una generación pueden identificarse con la siguiente, incluso cuando las personas nacidas al comienzo de una generación pueden mirar hacia atrás en busca de identidad.

La Generación Z se definirá durante la próxima Cumbre. Se parecerán mucho a la generación anterior al Movimiento de Jesús. Experimentarán el Sexto Gran Despertar entre los 30 y los 40 años, y mostrarán un poco de sospecha por el Despertar que promoverá la próxima generación. Sin embargo, tendrán un papel importante en la transmisión de 2.000 años de tradición y sabiduría cristiana a la próxima generación, tal como los pastores de la Generación Silenciosa como Chuck Smith enseñaron al Pueblo de Jesús quienes vinieron a su iglesia a principios de la década de 1970 y después. Si la Iglesia puede capacitar a una generación de fieles cristianos de la Generación Z para que apoyen a los jóvenes de la siguiente generación, servirán como aliados poderosos y líderes efectivos del próximo Despertar.

Las características de la Generación Z

Muchos libros y artículos ofrecen una visión de la generación actual de jóvenes,[55] y claramente se enfrentan a un conjunto de desafíos diferentes a los de cualquier generación anterior. El efecto de la pandemia de COVID-19 y la reacción exagerada de la sociedad los ha marcado, aunque se curarán de ella a medida que lleguen a la madurez. Aun así, es posible que nos esperen más traumas a mediados y finales de la década de 2020. En cualquier caso, la Generación Z tiene un potencial increíble para hacer una contribución muy significativa al Sexto Gran Despertar. Independientemente de lo que la gente pueda decir acerca de esta generación en conjunto, los miembros individuales de esta generación estarán a la altura de las circunstancias para liderar en el próximo gran despertar.

Los miembros de la Generación X se burlaron de la Generación Milénica como "bebés a bordo" debido a los letreros "cursis" que sus orgullosos padres colgaron en las ventanas traseras de sus autos.[56] Sobreprotegidos por sus padres adoradores, los Milénicos solo hicieron que los miembros de la Generación X se sintieran más como "niños con llave" descuidados.[57] A diferencia de los Milénicos, la recesiva Generación Z se siente desprotegida por sus padres, profesores y otros adultos, que aún son sobreprotectores.[58] El psicólogo social Jonathan Haidt los ha llamado "La generación ansiosa" debido a la epidemia de ansiedad (aumento del 134% en los diagnósticos desde 2010), depresión (aumento del 106% desde 2010) y enfermedades mentales relacionadas como el TDAH, el trastorno bipolar, la esquizofrenia, las autolesiones, la disforia de género y el abuso de sustancias que sufren entre esta generación.[59]

Famosos por quejarse de que no se sienten seguros, como les enseñaron a sentirse sus maestros en las escuelas públicas y privadas progresistas, los escolares de la Generación Z vieron a muchos de sus maestros declarar que se sentían inseguros a su alrededor durante la pandemia, esencialmente diciéndoles que se fueran a casa y se fueran a sus habitaciones, que estaban "solos" para estudiar en línea. Aunque muchos maestros heroicos hicieron todo lo posible para mitigar el daño, los estudiantes de la Generación Z perdieron dos o más años de aprendizaje y,[60] ahora, cada vez más de ellos optan por no asistir a la educación superior.[61]

¿Quién hubiera pensado que los niños que

crecieron bajo la amenaza constante de tiroteos en las escuelas podrían no querer seguir yendo a la escuela después de que la ley ya no les exigiera hacerlo, y tuvieran que endeudarse para pagarlo? Aquellos que van a la universidad generalmente no han recibido la preparación adecuada para el aprendizaje superior de su experiencia interrumpida, altamente ideológica, insegura, de baja demanda y en la que todos obtienen un trofeo en la escuela K-12. Solo el 13% se siente preparado para tomar una decisión sobre su futuro.[62]

Después de haber sido entretenidos, educados y cuidados por Internet y las redes sociales, los miembros de la Generación Z crecieron como nativos digitales. Pasan MUCHO tiempo en línea, hasta 60 horas por semana.[63] Muchos de ellos carecen de una capacidad de atención duradera y no pueden procesar ideas complejas o información sintética que proviene de diversas fuentes.[64] Se critican a sí mismos como "carentes de motivación".[65] No se sienten seguros y siempre buscan seguridad. No les gustan las grandes multitudes.

Como todas las generaciones pasadas, luchan por "encontrarse a sí mismos", pero sufren la crisis de identidad más grave jamás registrada, con un número sin precedentes de ellos que se identifican como homosexuales, bisexuales, asexuales, transgénero o cualquiera de las otras 58 identidades de género que se ofrecen como opciones en Facebook.[66] Demuestran una mayor cautela en la experimentación sexual, teniendo menos sexo que cualquier generación en la memoria reciente.[67] Consumen un 20% menos de alcohol que la población general, pero sufren otros problemas de abuso de sustancias.[68] Como activistas, quieren abogar por grandes causas, pero se sienten escépticos sobre la realidad del cambio.[69] Los miembros de la Generación Z generalmente desconfían de las instituciones, pero prestan mucha atención a los "influencers", especialmente a través de medios digitales como Instagram y TikTok.[70]

Como la generación menos religiosa desde la Guerra de la Independencia, alcanzaron la mayoría de edad durante una época conocida como la "dechurching" o gran abandono de la iglesia de Estados Unidos.[71] Sin embargo, el 25% de los adultos de la Generación Z informan que asisten a los servicios semanalmente.[72] Esto se compara con el 28% de la población adulta total. Si bien la tasa general de participación religiosa de la Generación Z muestra una caída dramática en la asociación nominal con el cristianismo, muestran porcentajes de alta participación que deberían alentar la esperanza. **Estos cristianos altamente comprometidos de la Generación Z proporcionarán un gran recurso de fe para su generación en el futuro, así como para la próxima**

generación.

Si, por un lado, la Generación Z en general evidencia una corta capacidad de atención, habiéndose convertido en ávidos consumidores de videos cortos de Tik Tok, por otro lado, sus miembros también han contribuido a la popularidad de las entrevistas de formato largo de intelectuales como Joe Rogan y Jordan Peterson (lo que demuestra que pueden prestar atención cuando aumenta su interés).[73] Los puntajes de lectura entre los estudiantes han disminuido significativamente desde la pandemia al nivel más bajo en décadas.[74] De acuerdo con la reportera de The Atlantic, Xochitl Gonzales, "La caída en picada de la comprensión lectora es un problema nacional, pero es particularmente agudo en la ciudad de Nueva York. La mitad de sus estudiantes de tercero a octavo grado, y el 60 por ciento de los que son negros y latinos, no pueden leer al nivel de su grado".[75]

Si muchos miembros de la Generación Z no pueden o no quieren leer libros, los que sí leen adoptan un enfoque tan ávido que han creado un auge en las ventas de libros en los últimos años. Según Book Riot:

> La Generación Z contribuyó a otro gran año en ventas de libros en 2022. Aunque las ventas se redujeron en un 6,5% con respecto a un año récord en 2021, Publishers Weekly informó de unos

muy respetables 788,7 millones de libros vendidos en 2022. De hecho, los libros de bolsillo comerciales se vendieron más de lo habitual en 2022 (representan el 60% de las ventas), y las ventas de tapa dura disminuyeron un 3%. A pesar de que el 67% de los encuestados de la Generación Z leen en sus teléfonos, esas ventas de libros de bolsillo se deben, en gran parte, a los lectores de la Generación Z.[76]

Es insensato juzgar a cualquier generación de seres humanos como defectuosa, o juzgar a sus miembros más fuertes sobre la base de sus más débiles. Los miembros de la Generación X, los Milénicos y la Generación Z han demostrado que pueden alcanzar grandes alturas, al igual que algunos miembros de las generaciones anteriores demostraron que podían descender a mínimos indescriptibles. No tenemos ninguna razón válida para pensar que la Generación Z tiene un potencial de inteligencia más bajo que las generaciones anteriores o un sentido de conciencia más bajo que las generaciones anteriores, y en su edad adulta temprana, experimentarán un subidón social que los motivará a la responsabilidad financiera y la laboriosidad personal. *La madurez se ve bien en todos y, como en cualquier otra generación, la experiencia beneficiará a la Generación Z.*

A medida que la Generación Z madura, es posible que se casen y tengan hijos más tarde

EL SEXTO GRAN DESPERTAR

que las generaciones anteriores, pero la mayoría de ellos eventualmente se establecerán. Lo más importante es que los cristianos de la Generación Z demuestran una notable hambre de Dios y un deseo de avivamiento. Si bien menos de ellos han elegido estudiar para el ministerio de la iglesia,[77] aquellos que responden al llamado al ministerio tienen un acceso sin precedentes a la educación bíblica y teológica debido a los recursos de Internet y, cada vez más, a la inteligencia artificial. Llegará su turno de estar a la altura del desafío espiritual de un Despertar, y ellos responderán.

La formación espiritual de la Generación Z representa el mayor desafío y oportunidad que enfrenta la Iglesia de hoy, ya sea que se imparta en congregaciones locales u organizaciones paraeclesiásticas o instituciones educativas u otras modalidades. *La Universidad Northwest, de la que sirvo como presidente, considera que toda su misión es formar líderes para el próximo Gran Despertar, y lo mismo deberían hacer todas las demás instituciones educativas cristianas de Estados Unidos.*

Los estudiantes que educamos en nuestras aulas hoy y mañana llevarán el conocimiento acumulado de las Escrituras, las reflexiones teológicas, la sabiduría cristiana práctica, las lecciones estructurales, las estrategias misionales y los recuerdos corporativos de 2.000 años de historia de la Iglesia. Obviamente, no tendrán todos los detalles en mente, pero tendrán un acceso sin precedentes a oportunidades de aprendizaje en Internet para alimentar las categorías estructurales que adquieren en entornos educativos formales e informales.

Y luego hay una cosa más, que exploraremos en el próximo capítulo. En los 20 años que precederán al próximo Despertar en Estados Unidos, las iglesias experimentarán un avivamiento significativo. Los avivamientos siempre motivan a los cristianos a estudiar y recibir enseñanza, y a medida que el avivamiento viene a preparar a la iglesia para cosechar el próximo Despertar, los cristianos de la Generación Z desarrollarán una pasión por el aprendizaje.

Capítulo 6 La víspera de un despertar

¿Qué debemos esperar entre los años 2025 y 2050? Obviamente, los detalles del futuro han demostrado ser imposibles de predecir con certeza, pero las predicciones del futuro que vi cuando era niño se han hecho realidad con bastante fidelidad. A menudo me maravillo del "Picture Phone" que llevo en el bolsillo. Los teléfonos inteligentes superaron ampliamente las expectativas dadas a los escolares a principios de la década de 1970. Dick Tracy habría matado por un Apple Watch.

Lejos de ser una temeridad, predecir el futuro puede tener un papel muy importante en la configuración de lo que sucede, ya que las personas tienden a obtener aquello para lo que trabajan y logran aquello en lo que tienen fe. Considere estos posibles futuros para los Estados Unidos en los próximos 25 años:

- Jesús podría venir, marcando el comienzo del fin del mundo tal como lo conocemos y el comienzo de "la Era Venidera", como Lucas 18 se refiere al tiempo de la eternidad. Los cristianos tienen diferentes expectativas sobre el *ordo finis*, que van desde el paraíso inmediato hasta una Gran Tribulación de siete años.

Cuando la gente me pregunta si creo que estamos en la Gran Tribulación, siempre respondo: "Solo podemos esperar que así sea". Lo que sea necesario para llegar al Reino de los Cielos, estoy dispuesto a hacerlo.

- Un Despertar podría ocurrir a tiempo o *antes de lo esperado* y extenderse por todo el mundo, sirviendo como la Cosecha final de almas antes de la Segunda Venida de Cristo.
- En lugar de un nuevo ciclo Cumbre seguido de un Despertar, podríamos ver que el ciclo generacional llega a su fin en Estados Unidos. Imagínese una crisis monetaria grave y sostenida, una guerra mundial, un holocausto nuclear, una guerra civil u otros resultados impensables. Ese tipo de eventos perturbarían y tal vez incluso pondrían fin al ciclo generacional natural, y entonces cualquier cosa puede suceder excepto algo bueno.
- Veremos el actual ciclo de crisis terminar en algún momento entre 2025 y 2030, dando paso a una Cumbre en el que Estados Unidos entra en un nuevo auge económico y encuentra un nuevo consenso social sobre los problemas de la guerra cultural que han dividido al país desde aproximadamente 1971.

Como dice el título de este libro, creo que veremos el Sexto Gran Despertar ocurrir en Estados Unidos en algún momento de los próximos 25 años. Los ciclos generacionales pueden durar períodos más cortos o más largos que 20 años, ya que el tiempo puede variar de manera impredecible.

Los veinte años antes del último despertar

Si es así, mirar los veinte años anteriores a 1968 parecería recomendar la mejor manera de predecir cómo serán las próximas dos décadas (2025-2045). De acuerdo con Tobin Grant del Religious News Service,

> "Al salir de la Segunda Guerra Mundial, Estados Unidos no era muy religioso. La guerra había puesto fin a muchas de las cosas que aumentan la religiosidad, en particular el matrimonio y la procreación. Las iglesias, al igual que otras organizaciones, se vieron frenadas por la escasez de recursos y voluntarios durante la guerra.[78]

Esa descripción general coincide con el tiempo presente, que Davis, Graham y Burge han llamado The Great Dechurching of America.[79]

Vitalidad Cristiana en la Actualidad

Una forma de juzgar la vitalidad cristiana en Estados Unidos mide la membresía de la iglesia. Según la Organización Gallup, que ha rastreado la membresía de las iglesias desde 1939, Estados Unidos ha sufrido una caída dramática desde finales de la década de 1990.[80] En 1939, el 73% de los estadounidenses declararon ser miembros de una iglesia, sinagoga o mezquita, y eso se mantuvo relativamente estable hasta el año 2000, cuando se situó en el 70%. Pero el porcentaje de estadounidenses que son miembros de una congregación religiosa disminuyó constantemente durante dos décadas hasta alcanzar el 47% en 2020, una caída total de alrededor del 36%.

Otra medida de vitalidad considera la asistencia semanal al culto. Gallup mide la asistencia en varias religiones preguntando: "¿Asistió usted mismo a la iglesia, sinagoga, mezquita o templo en los últimos siete días o no?". Los informes de asistencia a través de las principales religiones se mantuvo más o menos estables alrededor de 40% desde 1939 por setenta años, excepto por el fuerte aumento en la década de 1950, que puede ser en gran medida el resultado de afirmaciones exageradas de asistencia a la iglesia durante la administración fuertemente pro-cristiana de Eisenhower.[81] (Los observadores han señalado que las casas de culto estadounidenses no habrían tenido suficiente espacio en los bancos para acomodar al 59% de la población semanalmente, pero los estadounidenses probablemente no querían admitir a los encuestadores que no asistían a los servicios semanales). Pero a pesar de la notable consistencia en los informes de asistencia semanal al culto desde 1939 hasta 2010, la asistencia ha disminuido significativamente en los últimos años, con la Organización Gallup informando:

"Tres de cada 10 estadounidenses dicen que asisten a servicios religiosos todas las semanas (21%) o casi todas las semanas (9%), mientras que el 11% informa que asiste aproximadamente una vez al mes y el 56% rara vez (25%) o nunca asiste (31%). Hace dos décadas, un promedio del 42% de los adultos estadounidenses asistían a servicios religiosos cada semana o casi todas las semanas".[82]

Pero la asistencia a los servicios de adoración sólo representa un elemento de la decadencia religiosa y moral de nuestro tiempo.

Según los científicos de datos Esteban Ortiz-Ospina y Max Roser, "desde 1972, las tasas de matrimonio en los Estados Unidos han caído casi un 50% y actualmente se encuentran en el punto más bajo de la historia registrada".[83] Como tales hechos predicen, la fecundidad y la natalidad también han disminuido a tasas históricamente bajas.[84] La idea de que la religión aumenta durante los tiempos difíciles no encaja consistentemente en el patrón de la historia religiosa estadounidense. Por el contrario, la religión tiende a aumentar durante las Cumbres y los

Despertares en lugar de durante los Desenlaces y las Crisis, aunque los avivamientos locales pueden ocurrir en cualquier temporada. (Un ejemplo serían los avivamientos que ocurrieron entre las tropas de tanto los Estados Unidos como la Confederación durante la Guerra Civil).

La Época de Posguerra en Estados Unidos

Después de la Segunda Guerra Mundial, cuando comenzó una temporada Cumbre, las tasas de matrimonio se dispararon a medida que Estados Unidos salía de la Gran Depresión. El Producto Nacional Bruto de los Estados Unidos creció de 200 millones de dólares en 1940 a 300 millones de dólares en 1950 y continuó aumentando a 500 millones de dólares en 1960 a medida que millones de estadounidenses se unieron a la clase media.[85] Con el crecimiento de la economía y el aumento de los matrimonios, la fertilidad se disparó, dando lugar a la masiva generación de los Baby Boomers.

Y las iglesias crecieron. Se formaron familias jóvenes y regresaron a la iglesia. El Movimiento Neo-Evangélico prosperó entre las iglesias conservadoras. Surgieron instituciones paraeclesiásticas, y los colegios bíblicos y los colegios cristianos de artes liberales tomaron nuevos vientos o surgieron de la nada cuando la Ley de Reajuste de los Militares de 1943, conocida popularmente como "la Ley GI", proporcionó fondos para enviar a los veteranos de la Segunda

Guerra Mundial a la universidad. Juventud para Cristo (1944), la Asociación Nacional de Evangélicos (1942), la revista Christianity Today (1956) y una gran cantidad de agencias de envío de misioneros y ministerios universitarios como Intervarsity (1941), Cruzada Estudiantil y Profesional para Cristo (1951)[86] y otras agencias surgieron para impulsar el crecimiento del cristianismo entre 1945 y 1965.

El Ministerio de Billy Graham

Entre esas organizaciones, Juventud para Cristo presentaría al mundo a un sensacional joven evangelista llamado Billy Graham en 1944. La primera Cruzada de Billy Graham se llevó a cabo del 13 al 21 de septiembre de 1947 en Grand Rapids, Michigan, y atrajo a 6.000 personas.[87] Un par de años más tarde, en 1949, el ministerio de Graham alcanzó notoriedad internacional cuando el magnate de los medios de comunicación William Randolph Hearst envió un telegrama a sus periódicos con un simple mensaje:

"Puff Graham".[88] Graham predicaría a millones de personas en todo el mundo en las décadas siguientes, convirtiéndose en un nombre familiar en todo el mundo y asesor de todos los presidentes posteriores de los Estados Unidos por el resto de su vida.

Los primeros años del ministerio de Graham no ocurrieron durante un Despertar como se define en este libro, pero eso no significa que sus primeros veinte años de ministerio carecieran de impacto. Según Molly Worthen de The Nation, el programa de radio (y más tarde de televisión) de Graham, Hour of Decision, llegó a 20 millones de hogares en la década de 1950.[89] Después de su espectacular Cruzada de Londres en 1954, Graham apareció en la portada de la revista Time, el principal y más respetado medio de comunicación de la época.[90] Aparecer en la portada de Time y aparecer en el artículo de portada significó el reconocimiento como el creador de noticias más popular de la nación. La década de 1960 vio un crecimiento continuo en su ministerio, y en el transcurso de "sus sesenta años de evangelismo a tiempo completo, 215 millones de personas lo escucharon predicar en persona, y otros 2 mil millones sintonizaron las transmisiones televisivas".[91]

El avivamiento de la sanidad

Billy Graham, sin embargo, no estaba solo en el circuito evangelístico durante la década de 1950. Las campañas de sanidad de Oral Roberts, en contraste con el enfoque más racional de la predicación de Billy Graham, atrajeron a multitudes de decenas de miles con sus informes de señales, prodigios, sanidades y milagros. Al igual que Billy Graham, Roberts se convirtió en un pionero del teleevangelismo, llevando su popular ministerio al éxito en la radio en 1947 y en la televisión en 1954. En 1963, fundó la Universidad Oral Roberts en Tulsa, Oklahoma. A lo largo de los años, organizó y predicó más de 300 campañas de avivamiento en seis continentes, imponiendo personalmente las manos sobre más de 2 millones de personas para orar por su sanidad.[92]

Pero Roberts fue solo uno de los muchos evangelistas en la década de 1950 que vieron una respuesta masiva a la oración por sanidad divina y espectaculares informes de intervención milagrosa de Dios. Mientras que Oral Roberts vio resultados fenomenales en sus oraciones por sanidad, el ministerio de William M. Branham lo precedió, y los informes de su ministerio desencadenaron los avivamientos de sanidad de finales de las décadas de 1940 y 1950.[93] Decenas de evangelistas dirigieron avivamientos de sanidad, con ministerios de diferentes tamaños y extensión, reuniéndose en lugares que iban desde campos al aire libre, iglesias pequeñas hasta grandes, carpas estilo circense, auditorios cívicos y estadios. Las señales y maravillas producidas en estas reuniones tuvieron un impacto incuestionable en el surgimiento del Movimiento Carismático de los años sesenta y setenta y a lo largo del posterior Despertar. Entre los evangelistas de la década de 1950 y principios de los sesenta figuraban Gordon Lindsay, T. L. Osborn, Jack Coe, el caído en desgracia A.A. Allen, y quizás la más famosa, Kathryn Kuhlman, que ganó fama en la década de 1950 y tuvo un programa de televisión en CBS.

Un movimiento originalmente llamado "El

Nuevo Orden de la Lluvia Tardía" también estalló dentro del pentecostalismo en relación con el avivamiento de sanidad. Comenzando en Saskatchewan, Canadá alrededor de 1948 en respuesta a una cruzada de sanidad dirigida por William Branham, el nuevo movimiento enfatizaría las sanidades, milagros, señales y maravillas. La Lluvia Tardía tuvo un gran efecto en el emergente Movimiento Carismático y en el cristianismo revivalista hasta el día de hoy. Aunque las denominaciones pentecostales (sin mencionar la corriente principal del evangelicalismo) rechazaron oficialmente el movimiento, un gran número de iglesias independientes encontraron inspiración y renovación a través del énfasis de la Lluvia Tardía en el avivamiento y el poder de Dios obrando en el mundo de hoy.

El movimiento tenía muchas enseñanzas extremas, como el surgimiento de "los hijos manifiestos de Dios", a través de los cuales algunos cristianos recibirían sus cuerpos glorificados y operarían en pleno poder divino aquí y ahora, y como resultado se enfrentaron al rechazo de las iglesias pentecostales históricas, más sobrias y basadas en la Biblia. Pero otras doctrinas prominentes de la Lluvia Tardía encontraron amplia aceptación en el pentecostalismo, incluyendo:

- Revelación directa (profecías personales, palabras de conocimiento

o de sabiduría)
- Los dones del Espíritu, recibidos por la imposición de manos
- Demonización de los cristianos que requieren liberación
- La restauración del ministerio quíntuple de Efesios 4:11, especialmente los apóstoles y profetas
- Sanidad divina a través de la imposición de manos
- Alabanza y adoración para marcar el comienzo de la presencia de Dios
- Acceso completo a todos los roles ministeriales para las mujeres
- La ruptura de las líneas denominacionales y la unidad en la Iglesia.[94]

Cualquiera que esté familiarizado con el movimiento carismático puede ver fácilmente cuántos de los énfasis de la Lluvia Tardía encontraron una compra a largo plazo en las iglesias.

Avivamiento desde la cima

Para que nadie piense que el avivamiento solo ocurrió entre la multitud de personas pobres que se reunían en carpas de circo o pequeñas iglesias rurales, y Dios ciertamente los bendijo por su hambre espiritual, especialmente en mi familia, toda la nación vio un aumento notable en la religión durante la década de 1950. El avivamiento barrió el país de abajo hacia arriba, pero también de arriba hacia abajo. El emergente movimiento carismático o "neopentecostal" comenzó a afectar a las iglesias protestantes tradicionales, que tendían a servir a las clases media, profesional y alta, en la década de 1950, después que el líder pentecostal sudafricano David DuPlessis comenzó a asistir a las reuniones del Consejo Mundial de Iglesias en 1954.[95]

Al entablar amistad con líderes académicos como el presidente John McKay, presidente del Seminario Teológico de Princeton, y el presidente Henry P. Van Dusen, del prestigioso Seminario Teológico Unión de Nueva York, así como con otros importantes líderes denominacionales, no solo formó sólidas relaciones ecuménicas, sino que también aprovechó cada oportunidad para compartir su creencia pentecostal en el ministerio continuo del Espíritu Santo. Du Plessis oró con muchos líderes protestantes de la línea principal para recibir el bautismo en el Espíritu Santo, como los pentecostales describían una experiencia espiritual extática particular que era el sello distintivo del Movimiento Carismático.[96] En 1960, el incipiente Movimiento Carismático llamó la atención de la nación cuando el sacerdote episcopal Dennis J. Bennett anunció desde el púlpito de su gran iglesia en Van Nuys, California, que había sido bautizado en el Espíritu Santo y que había hablado en lenguas. Rápidamente despedido por su iglesia, su historia pronto apareció en artículos de fondo en las dos principales revistas de noticias, Newsweek y Time, difundiendo aún más el nuevo movimiento espiritual.[97]

El comunismo y Dwight D. Eisenhower

La mayor amenaza a Estados Unidos durante la década de 1950 provino de los comunistas en el país y en el extranjero que buscaban transformar la nación según líneas marxistas. La creciente popularidad del evangelista Billy Graham como un firme defensor del sistema estadounidense de gobierno y economía, entre otras cosas, llevó al recién elegido presidente Dwight D. Eisenhower a defender el cristianismo protestante como un baluarte contra el comunismo.[98] En un discurso pronunciado después de su elección en 1952, Eisenhower dijo:

> Me parece que si vamos a ganar esta pelea tenemos que volver a los fundamentos de todas las cosas. Y una de ellas es que somos un pueblo religioso. Incluso aquellos de nosotros que son, en mi opinión, tan tontos como para dudar de la existencia de un Todopoderoso, siguen siendo miembros de una civilización religiosa, porque los Padres Fundadores dijeron que era un concepto religioso que estaban tratando de traducir al mundo político. Ahora, no pretendo presentarme ante ustedes y ser evangélico en mi enfoque, pero lo que sí digo es esto: Ahí, me parece, está la doctrina básica a la que

siempre debemos aferrarnos.[99] Eisenhower pronto se comprometería más con su estrategia para salvar a Estados Unidos del comunismo.

Aunque los padres de Eisenhower lo habían criado entre los Hermanos Menonitas y los Testigos de Jehová, nunca había sido bautizado. El 1 de febrero de 1953, diez días después de su toma de posesión, Eisenhower se sometió al bautismo en la Iglesia Presbiteriana Nacional bajo la dirección del reverendo Edward Elson, el único presidente de los Estados Unidos bautizado en el cargo. El país lo siguio en retorno a las iglesias. **La membresía de la iglesia aumentó del 49 por ciento de los estadounidenses en 1940 al 69 por ciento en 1960, el porcentaje más alto de membresía de la iglesia jamás alcanzado en la historia de Estados Unidos.**[100]

Eisenhower no solo se unió a la iglesia presbiteriana, sino que también usó su cargo frecuentemente para promover la fe cristiana. En su toma de posesión, comenzó su discurso con una oración. Siguiendo el ejemplo de Abraham Vereide, quien había dirigido desayunos de oración de toda la ciudad en Seattle y un Desayuno de Oración del Gobernador en el estado de Washington, Eisenhower asistió al Desayuno Nacional de Oración en 1953 junto con Billy Graham. El evento todavía reúne a los líderes de ambos partidos políticos anualmente para una reunión pública de oración y rutinariamente recibe una fuerte atención de la prensa y sirve como un barómetro del estado espiritual de la nación. En 1954, Eisenhower logró que el Congreso estableciera "In God We Trust" como el lema oficial de los Estados Unidos, colocándolo en la moneda estadounidense para declarar que Dios, y no el dinero, seguiría siendo el ancla de nuestra fe.

Cobertura mediática de teólogos

Si bien el protestantismo evangélico comenzó a entrar en su apogeo durante la década de 1950, las iglesias protestantes históricas tuvieron un favor aún mayor entre los medios de comunicación. La revista Time presentó al teólogo laico anglicano C. S. Lewis en su portada en 1947. En respuesta a su libro *Miracles: A Preliminary Investigation (Milagros: Una investigación preliminar)*, la revista se sorprendió de que un destacado académico afirmara públicamente el cristianismo sobrenatural.[101] Lewis se convirtió en un nombre familiar entre los cristianos estadounidenses, ya que sus libros se vendieron por millones y siguen siendo populares 80 años después. Junto con Billy Graham, Time también presentó en su portada a teólogos protestantes del Union Theological Seminary de Nueva York, a saber, Reinhold Niebuhr (1948)[102] y Paul Tillich (1959)[103]. El teólogo suizo Karl Barth apareció en la portada de Time en 1962.[104]

Niebuhr, Tillich y Barth fueron celebrados en la década de 1950 como teólogos "neoortodoxos", en gran parte porque su teología más o menos rechazaba el escepticismo radical del protestantismo liberal del siglo XIX en un retorno a la Biblia como una fuente importante de autoridad teológica, sin abrazar la visión evangélica de la infalibilidad de las Escrituras. Tampoco estos llamados teólogos neo-ortodoxos aceptaron necesariamente las doctrinas cristianas históricas afirmadas por el Movimiento Fundamentalista en el Cristianismo Evangélico: la inspiración divina de la Biblia, la deidad de Cristo, su nacimiento virginal, su vida sin pecado, sus sanidades y milagros, su muerte vicaria en la cruz, la eficacia de la oración, el Retorno literal de Cristo, y otros.

A pesar de que la neo-ortodoxia se convirtió en un sustituto de la ortodoxia histórica en las principales iglesias protestantes, muchos de sus teólogos pronto se alejaron de cualquier vínculo significativo con las Escrituras o con la realidad de Dios. En 1966, la portada de la revista Time preguntaba "¿Está Dios muerto?", con la teología de la muerte de Dios de Thomas J. J. Altizer de la Universidad Emory, William Hamilton de la Escuela de Divinidad Colgate Rochester y Paul van Buren de la Universidad Temple.[105] A medida que los educadores teológicos liberales infectaron a una generación de pastores protestantes tradicionales con tal herejía, efectivamente distanciaron a sus iglesias del avivamiento creciente y perdieron la oportunidad de participar significativamente en el Despertar. Millones de cristianos comenzaron a abandonar sus iglesias y a acudir en masa a las iglesias evangélicas en ascenso, especialmente a las iglesias pentecostales y carismáticas que persistirían en predicar la realidad viva de Dios con señales y maravillas en los albores del Quinto Despertar.

Avivamientos y Despertares

Esta descripción del estado espiritual de Estados Unidos desde 1945 hasta alrededor de 1965 obliga a preguntarse si las categorías de la Teoría Generacional realmente encajan. *Si bien este libro ha tomado la Teoría Generacional como punto de partida, ciertamente no aboga por una insistencia obstinada en que no hay otras formas válidas de pensar sobre la historia o sobre los movimientos espirituales dentro de ella. En última instancia, el derramamiento de la presencia manifiesta y la gracia de Dios sobre cualquier grupo de personas en cualquier lugar y en cualquier momento no depende de ninguna definición impuesta por la teorización humana.* Pero las etiquetas "avivamiento" y "despertar" sí traen a la mente distintos fenómenos que los cristianos han experimentado en la historia.

Un notable avivamiento existió entre las iglesias en las décadas de 1950 y 1960. Surgieron líderes importantes y fundaron organizaciones misionales poderosamente efectivas. Las iglesias surgieron en todo el país a través de los esfuerzos de plantación de iglesias de hombres y mujeres ungidos que derramaron sus vidas en un arduo trabajo sacrificial. Señales, prodigios, sanidades y milagros siguieron a la predicación de la Palabra de Dios. Mientras que, por un lado, "el amor de muchos se enfrió" con el avance del escepticismo en las denominaciones protestantes principales, el rechazo del Movimiento Carismático entre las denominaciones históricas llevó a que sus miembros se fueran para asistir a iglesias más hospitalarias a sus nuevas experiencias espirituales. *¡La experiencia religiosa de EstadosUnidos antes del Quinto Despertar en el Movimiento de Jesús y el Movimiento Carismático difícilmente podría encajar en la descripción de un páramo desierto!*

Antes de que un Despertar pueda resultar en salvaciones masivas y crecimiento de la iglesia, deben ocurrir avivamientos y nuevas expresiones de fe bíblica para preparar a las iglesias para la recepción de las enormes olas de nuevos creyentes que pueden venir con el Despertar. La Iglesia debe entrar en el próximo Despertar con una salud espiritual robusta, celo evangelístico y una unidad notable. El movimiento del Espíritu Santo en las iglesias de Estados Unidos en los próximos veinte años preparará a la iglesia para recibir una gran cosecha en ese mismo sentido, así como el creciente Movimiento Carismático estableció un camino para que la "Revolución de Jesús" continuara. Más que cualquier otra cosa, las iglesias oran fervientemente por el avivamiento ahora. No nos hemos preparado para un movimiento masivo de gracia. Pero podemos prepararnos. Un despertar puede demorarse, ¡pero el avivamiento puede suceder ahora! Entonces, ¿cómo será el avivamiento en nuestras iglesias en los próximos veinte a veinticinco años?

Capítulo 7 Las Señales Bíblicas de Avivamiento

Muchos cristianos de hoy en día nunca han experimentado personalmente un gran avivamiento y pueden preguntarse qué implica un avivamiento. Las iglesias avivamentistas en los últimos 200 años, especialmente aquellas que siguen la tradición de avivamiento de Charles Grandison Finney (1792-1875), se han preguntado cómo producir un avivamiento y han trabajado para hacerlo cuando las iglesias han experimentado decadencia y estancamiento. ¿Puede el esfuerzo humano producir un verdadero avivamiento? La mayoría de los cristianos se dan cuenta de que, si bien el esfuerzo espiritual tiene valor, en última instancia no podemos obligar a Dios a enviar avivamiento por ninguna de nuestras "obras de justicia".

Un avivamiento "elaborado" por la predicación emocional de evangelistas entusiastas o incluso "trabajado" por los esfuerzos metódicos de los planificadores de campañas de avivamiento en toda la ciudad puede traer un período de alegría y fruto. De hecho, los esfuerzos de avivamiento pueden tener un gran impacto en una ciudad o incluso en una región, y a menudo permanecerán en la memoria durante décadas. De hecho, muchas zonas de encrucijadas rurales han experimentado el entusiasmo religioso por un período que cambió el futuro de las familias e incluso de los clanes. Ningún cristiano debe tomar a la ligera los esfuerzos por ganar almas y avivar iglesias. Debemos trabajar constantemente para avivar iglesias y ciudades. Pero las iglesias, no las ciudades, ofrecen la unidad de análisis más típica para el avivamiento.

Un avivamiento duradero que realmente transforma una iglesia y le da vida y vitalidad, y una realidad duradera de la poderosa presencia de Dios, por lo general es una sorpresa. Cuando Jonathan Edwards escribió un ensayo para dar cuenta del mover de Dios en su iglesia en Northampton, Massachusetts y en las comunidades circundantes durante el Primer Gran Despertar, lo tituló como "Una narración fiel de la sorprendente obra de Dios". Por otro lado, la mayoría de la gente reconoce que cuando viene el avivamiento, alguien, en algún lugar, ha estado orando por él.

¿Cómo podemos saber que hemos entrado en un verdadero estado de avivamiento? ¿Cuáles son las características del avivamiento? Los primeros capítulos del libro de los Hechos ofrecen el mejor lugar para buscar un ejemplo de un verdadero avivamiento. No solo retrata al menos doce señales de avivamiento que adornaron la vida de la Iglesia primitiva, sino que esas señales han acompañado típicamente la renovación de las iglesias a lo largo de la historia.

Puesto que el avivamiento de Hechos 2

marcó la fundación de la Iglesia, uno podría no pensar en ello como un "avivamiento". Pero la historia de Israel está repleta de despertares y declives espirituales. Tenemos este tesoro de Dios, la presencia activa del Espíritu Santo, en vasijas de barro, como dijo Pablo en 2 Coríntios 4:7, y ningún grupo de personas ha sido capaz de mantener la máxima intensidad espiritual de forma permanente, como explica la Teoría Generacional.

Los acontecimientos de Hechos 2 representó el avivamiento definitivo de la fe bíblica y el comienzo de su propagación de los judíos a los gentiles. Ilustra lo que sucede cuando las personas experimentan una nueva ola de la gracia de Dios que resulta en entusiasmo espiritual entre los fieles y su transmisión a los incrédulos. Las iglesias que experimentan el avivamiento aprenden a alcanzar a los perdidos y capacitan a los creyentes para llevar a cabo la misión de Dios. Juegan un papel muy importante en los momentos de Despertares en sociedades, en los que los cristianos encuentran un nuevo entusiasmo y poder, millones de incrédulos se salvan y la cultura nacional e incluso global se ve afectada durante décadas.

Doce señales de avivamiento

El avivamiento primordial de Hechos 2:36-47 ilustra doce señales consistentes de avivamiento que han caracterizado la renovación espiritual a lo largo de la historia de la iglesia.

Sepa, pues, ciertísimamente toda la casa de Israel, que a este Jesús a quien vosotros crucificasteis, Dios le ha hecho Señor y Cristo. Al oír esto, se compungieron de corazón, y dijeron a Pedro y a los otros apóstoles: Varones hermanos, ¿qué haremos? Pedro les dijo: Arrepentíos, y bautícese cada uno de vosotros en el nombre de Jesucristo para perdón de los pecados; y recibiréis el don del Espíritu Santo. Porque para vosotros es la promesa, y para vuestros hijos, y para todos los que están lejos; para cuantos el Señor nuestro Dios llamare. Y con otras muchas palabras testificaba y les exhortaba, diciendo: Sed salvos de esta perversa generación. Así que, los que recibieron su palabra fueron bautizados; y se añadieron aquel día como tres mil personas. Y perseveraban en la doctrina de los apóstoles, en la comunión unos con otros, en el partimiento del pan y en las oraciones. Y sobrevino temor a toda persona; y muchas maravillas y señales eran hechas por los apóstoles. Todos los que habían creído estaban juntos, y tenían en común todas las cosas; y vendían sus propiedades y sus bienes, y lo repartían a todos según la necesidad de cada uno. Y

perseverando unánimes cada día en el templo, y partiendo el pan en las casas, comían juntos con alegría y sencillez de corazón, alabando a Dios, y teniendo favor con todo el pueblo. Y el Señor añadía cada día a la iglesia los que habían de ser salvos..
(Hechos 2:36-47)

Note las señales de avivamiento en este pasaje.

Uno: Énfasis en Jesús (Hechos 2:36).

En Hechos 2, Pedro predicó a la multitud reunida en Pentecostés acerca de Jesucristo, crucificado, muerto, sepultado y resucitado como Señor y Mesías. Cuando llega el avivamiento, Jesús llega a ser la máxima prioridad para los cristianos. Cuando las iglesias predican a Jesús, la gente se salva. Los nuevos creyentes mantienen fresca la fe de las iglesias. Las iglesias no tienen que revolcarse en la decadencia o incluso en la necesidad de avivamiento. Muchas iglesias mantienen la vitalidad durante largos períodos de tiempo. Cuando las iglesias mantienen su enfoque en Jesús, Él seguirá apareciendo en medio de ellas por el poder del Espíritu Santo.

Cuando una iglesia se interesa más en otras cosas que no sean Jesús, la decadencia y el declive se establecen. A pesar de lo maravilloso que puede ser ayudar a los pobres y necesitados cuando fluye del amor por Jesús y la pasión por compartir Su amor en Su Nombre, el trabajo humanitario puede matar a una iglesia si Jesús es empujado a un segundo lugar. Comenzar una escuela cristiana puede ofrecer un ministerio fenomenal a una comunidad local, especialmente en este grave momento de crisis para las escuelas públicas. Pero cuando la educación se convierte en el centro de una iglesia, Jesús tiende a ser expulsado del centro.

Señalar la decadencia moral de nuestra sociedad tiene su lugar, pero también puede convertirse en un juego morboso de "¿No es horrible?" en el que condenar a los pecadores se vuelve más interesante que compartir efectivamente con ellos la asombrosa Buena Nueva de que Jesús los ama y está listo para recibirlos con amor, como el Padre recibió al hijo pródigo desordenado en la famosa parábola de Jesús. (Lucas 15:11-32). Incluso he visto iglesias tan entusiasmadas con los dones del Espíritu Santo que se olvidaron del Dador y no evangelizaron a los perdidos.

La lista de distracciones podría ser interminable. Pero solo hay un Jesús. La escuela que dirijo como presidente, Northwest University, recientemente cambió nuestro lema a "Jesús primero, Jesús siempre". Hicimos el cambio porque queríamos que la sola mención de nuestro nombre y lema nos recordara la primacía y supremacía de Jesús y lo declarara a cualquiera que interactuara con nosotros. Existimos para declarar y vivir la realidad del Dios vivo, revelado en la persona de Jesucristo, dado a conocer en el poder del Espíritu Santo. Cuando las universidades cristianas olvidan esa prioridad, rápidamente se desvían, y las iglesias no difieren. Incluso una mirada superficial a la historia de la iglesia en Estados Unidos contará la historia de iglesias e instituciones cristianas que pierden su enfoque, se distraen y se desvanecen en la irrelevancia, porque no lograron mantener a Jesús en primer lugar. Pero cuando llega el avivamiento, Jesús se convierte en el centro de atención. La gente vendrá y lo adorará durante horas y horas, disfrutando de su presencia, amándolo con todo su corazón. Y todas las otras señales de avivamiento caen en su lugar.

Dos: Arrepentimiento (2:37-38)

Cuando las iglesias realmente ponen a Jesús en primer lugar, Jesús se revela a sí mismo. Su santa presencia entra de nuevo en la iglesia. Cuando las personas tienen un encuentro con el Dios Santo en Jesús, su pecaminosidad se vuelve repentinamente obvia. Las personas caen bajo convicción cuando se dan cuenta de su pecaminosidad y se arrepienten. En el día de Pentecostés, cuando Pedro predicó a Jesús a la gente, *"Y se compungieron de corazón, y dijeron a Pedro y a los otros apóstoles: Hermanos, ¿qué haremos?*

La gente en Estados Unidos hoy en día no quiere oír que son pecadores necesitados de salvación. No creen en el infierno, por lo que no temen ir allí. La mayoría de las personas se sienten libres de hacer lo que les plazca, siempre y cuando no lastimen a otra persona. Los estadounidenses, después de todo, siempre han defendido la libertad como nuestro máximo valor nacional. De hecho, Dios ha dado libertad a los seres humanos, y Dios generalmente no les impedirá ejercer su libertad moral y espiritual.

Dios no tiene ningún interés en tomar el amor de las personas por la fuerza, ya que el amor nunca puede darse así. El amor tiene que venir libremente, como el último y más grande acto de libertad. Ninguna cantidad de razonamiento legalista o condena por parte de los cristianos convencerá a los estadounidenses de hoy de que tienen la obligación de vivir según reglas morales no elegidas por ellos mismos, sino más bien impuestas por otros (incluyendo a Dios). Ninguna cantidad de enseñanza cristiana acerca de la santidad convencerá a los incrédulos de que deben arrepentirse, ya que tienen una gran capacidad para detectar la hipocresía en las vidas de aquellos que proclaman las reglas de la santidad y poco sentido de sus propias fallas morales.

Sólo un encuentro con la santidad de Cristo "cortará los corazones" de los incrédulos. Cuando lo experimentan en la proclamación ungida por el Espíritu de la Palabra, inmediatamente se darán cuenta de su pecado. Pero cuando se produce un avivamiento, no solo los incrédulos se arrepienten, sino que los cristianos mismos se dan cuenta de lo mal que reflejan la santidad de Dios, y también se arrepienten.

Una de las oraciones clásicas de arrepentimiento de la liturgia histórica de la iglesia declara: "Dios de misericordia, confesamos que pecamos contra ti por pensamiento, palabra y obra, por lo que hemos hecho y por lo que hemos dejado de hacer."[106] Esa oración se remonta al siglo VIII d.C., y un número incalculable de cristianos la han recitado diariamente durante más de mil años. [107] En la tradición de santidad en la que crecí, y en mi apropiación infantil de ella, me encontré siendo salvo a menudo. Ninguna cantidad de esfuerzo de mi parte pudo evitar que me diera cuenta, en presencia del Sante que mis recitaciones anteriores de la Oración del Pecador no habían logrado hacerme santo.

Con la madurez, me di cuenta de que Jesús había expiado todos mis pecados, pasados, presentes y futuros, y que su sacrificio misericordioso y la fe que me dio para creer en él me habían salvado de una vez por todas. Un viejo himno lo expresa bien:

Mi pecado, oh, ¡la dicha de este
pensamiento glorioso!
Mi pecado, no en parte, sino completo,
Está clavado a la cruz, y no lo aguanto más,
Alabado sea el Señor, alabado sea
el Señor, ¡oh mi alma!

Como enseñó Martín Lutero, somos *simul justus et peccatur* (justificados y pecadores al mismo tiempo).[108] De este lado de la eternidad, vivimos constantemente en la realidad de esa paradoja. Pero eso no significa que los nuevos encuentros con el Dios Santo no nos muevan al arrepentimiento. El Padrenuestro reconoce que nunca cumplimos con todas nuestras obligaciones (deudas) con Dios y que necesitamos el perdón de Dios constantemente. Como declara 1 Juan 1:8-9: "Si decimos que no tenemos pecado, nos engañamos a nosotros mismos, y la verdad no está en nosotros. Si confesamos nuestros pecados, él es fiel y justo para perdonar nuestros pecados, y limpiarnos de toda maldad.". Los cristianos deben vivir en la constante comprensión de que Dios nos ha perdonado. Solo el conocimiento de la gracia de Dios puede motivarnos y capacitarnos adecuadamente para hacer las buenas obras que Dios ha planeado de antemano para que hagamos (Efesios 2:10).

Cuando viene el avivamiento, la gente se arrepiente. Tal vez el arrepentimiento de los cristianos tenga algún papel en el arrepentimiento de los incrédulos. Cualquiera que sea el caso, el verdadero avivamiento siempre trae un corazón herido, un corazón arrepentido. Las personas experimentan convicción por sus pecados y se arrepienten. Pero el arrepentimiento implica más que solo palabras y confesiones. Requiere un cambio de comportamiento. **En el avivamiento, los cristianos cambian su estilo de vida. No solo se alejan de los patrones de pecado, sino que desvían su atención de los entretenimientos mezquinos para pasar más tiempo en la búsqueda**

de Dios. Las iglesias que experimentan un avivamiento suelen celebrar servicios varias veces por semana. Los ministerios de alcance atraen a más voluntarios, las reuniones de oración tienen una gran asistencia. La predicación y la enseñanza duran más tiempo, ya que la gente quiere más de la Palabra. Pero me estoy adelantando.

Tres: Una carga por los perdidos (Hechos 2:40)
"Y con otras muchas palabras testificaba y les exhortaba, diciendo: Sed salvos de esta perversa generación". Cuando los cristianos tienen una nueva experiencia de Jesús, tienen un mayor deseo de compartir el Evangelio con los perdidos. En generaciones anteriores, nos referíamos a ese deseo como "tener una carga por las almas perdidas". La Biblia realmente no usa ese lenguaje para referirse al deseo de alcanzar a los incrédulos, pero la palabra "carga" describe bien el sentimiento.

En Hechos 20:31, Pablo describe su pasión al predicar a los efesios con lágrimas: " Por tanto, velad, acordándoos que por tres años, de noche y de día, no he cesado de amonestar con lágrimas a cada uno". En el avivamiento, los cristianos aumentan sus oraciones por las personas que no conocen a Jesús, y a medida que aumenta su deseo de ver a las personas salvas y a Jesús glorificado, "llorarán por los perdidos".

Si no has experimentado tal carga antes, nunca has experimentado completamente un verdadero avivamiento.

Las personas que no han conocido a Jesús están perdidas. Una de las historias más poderosas del Nuevo Testamento relata la historia de Zaqueo en Lucas 19. El poderoso escrito de Lucas habla de un hombre en Jericó "llamado por el nombre de Zaqueo". El Nuevo Testamento a menudo menciona a "un hombre *llamado* Fulano " o "un hombre *llamado* Mengano", pero Lucas combina de manera única las dos frases: "Había un hombre llamado por el nombre de Zaqueo". ¿Por qué duplica la frase, llamando la atención sobre el nombre? Enfatiza el nombre Zaqueo, que significa "hombre justo", y luego continúa explicando que Zaqueo no había estado a la altura de tal nombre. "Era un jefe recaudador de impuestos, y era rico". En otras palabras, era un ladrón, un extorsionista.

Todo el mundo en el primer siglo habría entendido que los recaudadores de impuestos se enriquecían usando información falsa para extorsionar los pagos excesivos de impuestos, cuyo exceso se quedaban para sí mismos. Tenían una palabra especial para estos extorsionistas: sicofantes. La palabra originalmente se aplicaba a las personas que trepaban a una higuera corta, un sicómoro, para sacudir el árbol y hacer que los higos (sychoi) se cayeran para que la luz brillara sobre ellos (phaino). Los recaudadores de impuestos llegaron a ser conocidos como "sicofantes".

Cuando Zaqueo escuchó la noticia de que Jesús pasaba por Jericó, quiso ver quién era. Tal vez pensó que le cobraría algunos impuestos, o tal vez se sintió intrigado por los informes que había escuchado sobre este hombre santo que curaba todas las enfermedades y dolencias. Pero siendo un hombre pequeño (en varios sentidos de la palabra), no podía ver por encima de las multitudes o abrirse paso a través de ellas para ver a Jesús. Entonces, se subió a un sicómoro.

Al pasar, Jesús miró hacia arriba en el árbol. Si hubiera dicho: "Sicofante, baja", la multitud habría rugido de risa y aprobación. Habría sido el insulto perfecto. Allí estaba el aduiador, el artista de la sacudida, en una higuera, listo para hacer lo suyo. Y Jesús pudo haberle cortado las piernas cortas con semejante orden. Pero Jesús no tenía ningún interés en reducirlo a su tamaño.

En cambio, Jesús lo miró y lo llamó por su nombre: "Zaqueo, baja". Hombre justo, desciende. Te veo. Sé quién eres. Sé lo que Dios quiere hacer de ti. Veo lo que tus padres oraron cuando te dieron ese nombre. Baja. Deja de ser sicofante y déjate sacudir.

Y bajando del árbol, él vino. Lucas dice que "recibió a Jesús" y le abrió las puertas de su casa, donde pronto se pondría de pie y declararía: "Voy a dar la mitad de mis bienes a los pobres, y si he extorsionado (literalmente en griego, "si he sicofanteado") a alguien con algo, le devolveré el dinero cuatro veces". Jesús respondió diciendo: "Hoy ha llegado la salvación a esta casa, porque también este hombre es hijo de Abraham. Porque el Hijo del Hombre vino a buscar y a salvar a los perdidos" (Lucas 10:9).

Lo que se perdió en este caso fue la verdadera identidad de Zaqueo. En el maravilloso plan de Dios para la vida de Zaqueo, él no seguiría siendo un ladrón malvado, sino que se convertiría en un hombre justo, un hombre justo que daría a cada uno según lo que le correspondía. No seguiría siendo una persona infiel que se aferraba al dinero, sino que se convertiría en un hijo de Abraham, el Padre de la Fe. Zaqueo nunca se habría dado cuenta de su verdadera identidad, de su verdadero yo, si no hubiera conocido a Jesús.

Cuando las personas no conocen a Jesús, están perdidas. No solo han perdido el Cielo o la Vida Eterna; Se han perdido a sí mismos y no saben dónde encontrarse. En los años setenta, la generación hippie solía decir que quería "encontrarse a sí misma". Conocían su pérdida. Nadie tenía que decírselo. Para encontrarse a sí mismos necesitaban encontrar a Jesús, y cuando lo encontraron, como Zaqueo, encontraron su verdadera identidad como hijos de Dios, "predestinados para ser adoptados hijos suyos por medio de Jesucristo, según el puro afecto de su voluntad" (Efesios 1:5).

Cuando los cristianos reciben una carga por las personas perdidas, comienzan a orar por ellas.

Lloran por sus seres queridos que no conocen a Jesús. Empiezan a llorar por el alma de la joven con cicatrices y piercings en la caja del supermercado, por el joven tatuado que corta el césped, por los migrantes desesperados que han cruzado la frontera ilegalmente y han llegado a su pueblo, por la camarera transgénero de ese restaurante al que dejaron de ir porque... bueno, ya sabes, nadie quiere sentirse incómodo. Empiezan a compartir más a Jesús. Y cuando empiezan a compartir a Jesús, con el corazón roto por los perdidos, más y más personas comienzan a ser salvas

Cuatro: Un aumento en las conversiones (Hechos 2:41, 47)

En el día de Pentecostés, "los que recibieron su palabra fueron bautizados; y se añadieron aquel día como tres mil personas" (Hechos 2:41). Con el paso de los días, *"el Señor añadía cada día a la iglesia los que habían de ser salvos" (Hechos 2:47)*. Cuando una iglesia experimenta un verdadero avivamiento, la gente sigue siendo salva porque Jesús sigue siendo levantado. La gente no solo escucha un sermón, sino que ve a Jesús.

Hace años, cuando serví como Decano Académico del Seminario Teológico de las Asambleas de Dios, asistíamos a la Iglesia James River en Ozark, Missouri. La iglesia había experimentado un avivamiento al rojo vivo durante años y acababa de mudarse a un enorme complejo de edificios nuevos que acomodaría los servicios semanales con muchos miles de asistentes. La iglesia había comenzado en un espacio comercial que pronto les quedó pequeña, por lo que tuvieron que construir algo. Comenzaron a construir una iglesia para 2.000 personas, pero en el tiempo que tardaron en completarla, ya habían superado ese número en la asistencia dominical. Entonces, vendieron la nueva iglesia y construyeron un nuevo complejo de edificios más grande un poco más adelante en la carretera.

Asistimos a la iglesia durante cinco años, y creció en 1.000 personas cada año hasta alcanzar una asistencia semanal de 7.000 cuando nos mudamos a Seattle. Desde entonces, la iglesia ha seguido creciendo, y creciendo, y creciendo. Han plantado varias iglesias hijas, pero siguen creciendo. Más de 20.000 personas ahora asisten a la iglesia, con cientos de miles participando en línea, y han comprado nuevas propiedades para construir un nuevo campus principal. Diré más acerca de esta iglesia más adelante, pero ofrece un ejemplo de un avivamiento continuo que perdura por décadas. En el avivamiento, las iglesias y los cristianos ya no pueden contentarse con dejar vivir a la gente sin ser confrontados con la presencia amorosa y santa de Cristo.

Cinco: Un aumento en los llamados al ministerio y a las misiones (Hechos 4:20)

Durante el avivamiento, las personas sienten el llamado de Dios al servicio del Evangelio, ya sea en el ministerio vocacional o en una mayor consagración de su vida diaria y ministerio en areas de trabajo que otros verían como entornos seculares. Fíjate en cómo las señales conducen de uno a otro.

1. Jesús es exaltado.
2. Las personas se arrepienten cuando experimentan su santidad y gracia.
3. Los arrepentidos reciben una carga por las personas perdidas, después de haber escapado de un estado de culpa.
4. Comienzan a compartir el Evangelio con los demás, y más personas experimentan a Jesús, quien responde fielmente a la predicación de su Palabra y se dará a conocer.
5. Cuantas más personas vengan a Cristo, más personas recibirán un llamado divino al ministerio y a las misiones.

En el libro de los Hechos, cada vez más personas respondieron a un llamado al ministerio de la oración y la palabra. ¡Se sienten obligados a predicar! En Hechos 4:20, Pedro y Juan declararon: "no podemos dejar de decir lo que hemos visto y oído.". En Hechos 4:29 oraron para que Dios les diera el privilegio de hablar el mensaje de Cristo con valentía, con sanidades, señales y prodigios (4:30). En Hechos 6, la iglesia nombró diáconos (griego: *diakonoi*, lo que significa "ministros") para cuidar de las viudas y alimentar a los hambrientos para que los apóstoles pudieran dedicarse a "la oración y al ministerio (griego: diakonía) de la Palabra" (Hechos 6:4), pero antes de que termine el capítulo, Esteban, uno de los "camareros de mesa" fue martirizado por predicar la Palabra.

En el capítulo 8, Felipe, otro de los diáconos, fue a Samaria a predicar a la gente de allí (quienes son salvos y bautizados en el Espíritu Santo) antes de que el Espíritu Santo se lo llevara para evangelizar al eunuco etíope. A lo largo de la historia, más y más personas fueron llamadas al servicio apostólico, incluyendo a Ananías y Pablo en el capítulo 9, Bernabé y Agabo en el capítulo 11, los ancianos de Iconio y Listra en el capítulo 14, y Juan Marcos en el capítulo 15, Timoteo y Silas en el capítulo 16, Priscila y Aquila y Apolos en el capítulo 18, y más y más y más a medida que el Evangelio se difunde.

Efesios 4:11-13 nos dice que Jesús da apóstoles, profetas, evangelistas, pastores y maestros a la iglesia (el "ministerio quíntuple") para equipar a los creyentes para la obra del ministerio. Donde se establece el avivamiento, Dios llama a hombres y mujeres a servirle, como creyentes trabajadores en toda la obra de la Iglesia, pero especialmente como siervos de la oración y de la Palabra. Si los hombres y las mujeres, los jóvenes y los viejos, no reciben un llamado al ministerio mientras comparten apasionadamente su fe en Cristo en la vida diaria, el avivamiento aún no se ha establecido.

Una de las razones por las que hemos

visto una terrible disminución en la cantidad de personas que asisten a los colegios bíblicos y seminarios se deriva del hecho de que hemos pasado los últimos treinta o cuarenta años en Desenredo y Crisis. Las iglesias en Estados Unidos tienen que nadar contra la corriente con bastante fuerza para evitar perder su primer amor, como los cristianos de Éfeso en Apocalipsis 2:4. En ese pasaje, Jesús elogia a la iglesia de Éfeso por sus buenas obras, su trabajo y paciencia, su intolerancia al mal y su prueba de apóstoles autoproclamados para ver si su doctrina y estilo de vida eran verdaderos.

Jesús incluso reconoce que en todo eso, no se habían cansado. Pero a pesar de todas las cosas que estaban haciendo, todas las cosas buenas, Jesús declara que tiene algo en contra de ellos. Han caído porque han dejado a su primer amor. Si no recuperan ese primer amor, corren el peligro de que les "quiten el candelabro". En otras palabras, dejarían de ser una iglesia en absoluto. **Cuando las iglesias pierden su amor por Jesús y la predicación del Evangelio, se extinguen.** Cuando los hombres y las mujeres no perciben el llamado al ministerio de la oración y de la palabra, la luz de las iglesias se apaga, se apaga y muere. Y es por eso que no podemos esperar a que amanezca un Despertar. ¡Necesitamos avivamiento ahora!

Capítulo 8 Más Señales de Avivamiento

Seis: Una pasión por la oración (2:42)

En el avivamiento de la Iglesia primitiva, vemos no solo un fervor por compartir el Evangelio, sino también una pasión por la oración. El avivamiento siempre crea en las personas un nuevo deseo de orar, adorar y meditar en la grandeza de Dios en gracia y amor. A veces, incluso mientras duermes, las oraciones continúan mientras Dios despeja nuestras distracciones y nos habla en sueños. En Hechos 2:42, Lucas nos dice que los creyentes "se dedicaron [...] a la oración".

La oración, por supuesto, tiene muchas formas. Un gran líder de avivamiento que conozco me ha dicho que la mayor parte de su tiempo en oración consiste en adoración, con lo que quiere decir "cantar al Señor". Su iglesia ha experimentado el avivamiento continuamente durante 30 años, ¡así que su enfoque aparentemente funciona! El auge de la música grabada en el siglo XX hizo posible que los cristianos tuvieran acceso al trabajo de músicos altamente calificados en cualquier momento, y rápidamente surgió un "Movimiento de Alabanza y Adoración", especialmente ganando fuerza durante el Movimiento de Jesús, cuando los jóvenes siguieron el ejemplo de Martín Lutero y Carlos Wesley y el Rey David, otros grandes salmistas del pasado, al componer letras cristianas para adornar las melodías y estilos de bares y tabernas y lugares mundanos de su tiempo.

El "Pueblo de Jesús", como la vanguardia del Movimiento de Jesùs se llamaban a sí mismos, eligieron la balada de rock como el vehículo principal de la música de adoración, y la música de su tiempo reflejaba su pasión por Jesús tal como lo habían experimentado. Su música a menudo expresaba su pasión por las oportunidades de compartir el Evangelio. Imaginaron el Retorno de Cristo y lo cantaron con entusiasmo. La música atraía a sus compañeros a la iglesia. Y así, surgió el estilo actual de música cristiana. Una gran porción de la oración cristiana hoy en día ocurre en concierto con la radio del automóvil, con teléfonos inteligentes y auriculares, y en los "servicios de adoración" en la iglesia, con lo que la gente quiere decir cantar.

En las iglesias evangélicas de ayer, el púlpito ocupaba típicamente el centro del escenario, declarando la prioridad de la Palabra, al igual que el altar sacramental ocupaba el centro de atención en las iglesias católicas romanas y protestantes históricas. En las iglesias evangélicas de hoy en día, el púlpito se ha convertido en un atril acrílico pequeño, liviano y transparente que se mantiene fuera del escenario hasta que el equipo de adoración termina de cantar, si no se elimina por completo a favor de la predicación de notas de mano en un iPad u otra tableta o incluso en un teléfono inteligente. La Biblia de papel también, como se dijo una vez de Elvis Presley, "ha abandonado el edificio."

De ninguna manera esos cambios indican necesariamente algo malo. El cambio que significa problemas para la Iglesia de hoy no tiene nada que ver con la ausencia de un púlpito o de una Biblia de papel o un órgano de tubos o un piano de cola o cualquier otra cosa. Los tiempos, los estilos y las tecnologías cambian. El elemento clave que falta en la mayoría de las iglesias es la oración apasionada, guiada por el Espíritu e intercesora por la obra de Dios y el pueblo de Dios.

En Hechos 4:24ff, la descripción de una reunión de oración de la Iglesia primitiva debería humillarnos profundamente, hasta la médula:

> Y ellos, habiéndolo oído, alzaron unánimes la voz a Dios, y dijeron: Soberano Señor, tú eres el Dios que hiciste el cielo y la tierra, el mar y todo lo que en ellos hay; que por boca de David tu siervo dijiste:
>
> ¿Por qué se amotinan las gentes, y los
>   pueblos piensan cosas vanas?
> Se reunieron los reyes de la tierra, y los
>   príncipes se juntaron en uno
> contra el Señor, y contra su Cristo.
>
> Porque verdaderamente se unieron en esta ciudad contra tu santo Hijo Jesús, a quien ungiste, Herodes y Poncio Pilato, con los

> gentiles y el pueblo de Israel, para hacer cuanto tu mano y tu consejo habían antes determinado que sucediera. Y ahora, Señor, mira sus amenazas, y concede a tus siervos que con todo denuedo hablen tu palabra, mientras extiendes tu mano para que se hagan sanidades y señales y prodigios mediante el nombre de tu santo
>
> Hijo Jesús. Cuando hubieron orado, el lugar en que estaban congregados tembló; y todos fueron llenos del Espíritu Santo, y hablaban con denuedo la palabra de Dios.

Ya sea que la iglesia sea bautista, luterana, metodista, o una iglesia bíblica independiente, o una iglesia pentecostal, o cualquier otro tipo, el avivamiento trae una atmósfera de oración llena del Espíritu. Observe en Hechos 4 cómo los creyentes le contaron a Dios lo que estaban experimentando, citaron las Escrituras en su oración, llamaron a la manifestación de señales y prodigios, sanidades y milagros, y salieron de la reunión profundamente sacudidos (literalmente) y fortalecidos por sus oraciones. En el avivamiento, la oración adquiere una nueva dimensión.

Mencioné la Iglesia James River, mi iglesia de hogar en Ozark, Missouri. Tan a menudo como la oportunidad me lo permite, vuelvo allí para la reunión de oración del miércoles por la noche. Durante al menos veinte años, esa reunión ha anclado el ministerio de la iglesia como la reunión más importante de la semana. Miles de personas acuden cada miércoles al servicio de oración en el santuario, y 40.000 suelen seguir la reunión en línea. En los últimos años, la iglesia ha visto una larga ola de sanidades, especialmente los miércoles por la noche. Me encanta orar en ese santuario, y voy allí sabiendo que voy a hablar con Dios y Dios me hablará a mí. ¡Me encanta el sonido de esa iglesia en oración!

Un siglo y medio después del resurgimiento de Hechos 2, Tertuliano describió la oración de los cristianos en su tiempo:

"Nos reunimos como asamblea y congregación, para que, ofreciendo oración a Dios como con fuerza unida, podamos luchar con Él en nuestras súplicas. Dios se deleita en este *fuerte* empeño. Oramos, también, por los emperadores, por sus ministros y por todos los que tienen autoridad, por el bienestar del mundo, por el predominio de la paz, por el retraso de la consumación final".

Nótese el vigor reportado de las oraciones ofrecidas por los cristianos avivados a finales del siglo II.

La descripción de Tertuliano del "fuerte empeño" en la oración me recuerda las oraciones que escuchaba en la iglesia cuando era niño. Las reuniones de oración de los miércoles por la noche nos encontraron alrededor del frente de la iglesia, arrodillados en oración. Mientras orábamos, el pastor y otros queridos santos maduros circulaban entre nosotros para orar por nosotros, en voz alta. Todos oraban en voz alta al mismo tiempo, porque "la Iglesia primitiva oraba de esa manera". Todavía recuerdo la sensación de tener la mano de mi pastor sobre mi hombro mientras intercedía en voz alta por mí, él tan seguro de que Dios me usaría en el futuro si me rendía a Dios, y yo tan deseoso de obedecer al Señor.

¡La energía de esas reuniones de oración fue increíble! El sonido de docenas de personas orando en voz alta puede no haber parecido "decente y ordenado" a las iglesias más formales de nuestra ciudad, pero tenía un gran poder para ordenar nuestras vidas. Cuando de vez en cuando escucho esa oración hoy en día, la dulce cacofonía de todos orando al unísono, cada uno de acuerdo con las necesidades percibidas, todavía me sacude el alma. Los pentecostales solían llamarla "oración de concierto" porque pensaban que sonaba como una orquesta afinando en un caos ordenado antes de un concierto.

Y cuando la primera iglesia reavivada oró, sacudió la habitación donde se reunieron. Con reminiscencias de la visión de Isaías de Dios en el Templo, donde los postes de las puertas del Templo temblaban en la presencia de Dios, los informes de avivamiento a través de los siglos y milenios de la iglesia hablan de personas que temblaban ante el Señor. Un grupo de cristianos reavivados se ganó el nombre de "Shakers". Otro se convirtió en los "cuáqueros". Algunos llevaban el ridículo del epíteto "Holy Rollers". Cuando los cristianos avividos oran, lloran, tiemblan y claman desesperados por la gloria de Dios. La oración en la actualidad parece demasiado decente y ordenada. Pero cuando viene el avivamiento, Dios sacude las cosas.

Siete: Hambre de la Palabra (2:42)

Cuando llega el avivamiento, la gente quiere más de la Palabra de Dios: más lectura y estudio personal de las Escrituras y más exposición a la predicación y la enseñanza de líderes piadosos. En Hechos 2:42, los creyentes "*se dedicaron a la enseñanza de los apóstoles*". Cuando las autoridades religiosas de Jerusalén ordenaron a Pedro y a Juan "*que no hablaran ni enseñaran en absoluto el nombre de Jesús*" (Hechos 4:18), respondieron audazmente: "*No podemos dejar de hablar de lo que hemos visto y oído*" (Hechos 4:20). El contenido de la enseñanza apostólica se centraba en el Antiguo Testamento, fasbexplicando cómo predecía misteriosamente la venida de Jesús y cómo cumplía la Ley.

Maestros como Bernabé y Apolos pronto llegaron de Chipre y de la capital intelectual griega de Alejandría (Egipto), sitio de la famosa Biblioteca y Maravilla del Mundo Antiguo. Pablo también salió del mundo helenístico con un conocimiento exhaustivo de la traducción griega de las Escrituras hebreas, pero también con entrenamiento rabínico en Jerusalén bajo Gamaliel, lo que le dio una gran habilidad para hacer que las antiguas enseñanzas hebreas fueran relevantes para el mundo gentil grecoparlante.

La pasión de los creyentes, no solo en Jerusalén sino en todas partes a las que llegaba el Evangelio, a veces los mantenía despiertos hasta altas horas de la noche. En Troas, Pablo "siguió hablando hasta la medianoche", iluminado por "muchas lámparas en el aposento de arriba" (Hechos 20:7-8). Para aliviarse un poco de la calurosa y abarrotada habitación, un joven llamado Eutico buscó una percha en una ventana. Mientras Pablo "hablaba una y otra vez" (20:9), Eutico se hundió en un sueño profundo, cayó por la ventana desde el tercer piso y "fue recogido muerto". Pablo, impertérrito, "se arrojó sobre el joven y lo abrazó". Resucitó a Eutico de entre los muertos, volvió a subir las escaleras y se tomó un descanso para comer. Luego, "después de hablar hasta el amanecer, se fue". Sabemos que los creyentes tenían un profundo hambre de escuchar la Palabra enseñada, porque claramente, se quedaron mientras Pablo siguiera enseñando.

Las iglesias de la Capilla del Calvario que surgieron del ministerio de Chuck Smith durante la Revolución de Jesús se hicieron famosas por la enseñanza expositiva de la Biblia. Los cristianos avivados quieren oír que se enseñan las Escrituras. Saben que las Sagradas Escrituras *"pueden hacer sabio para la salvación por la fe que es en Cristo*

Jesús", y que *"Toda la Escritura es inspirada por Dios, y útil para enseñar, para redargüir, para corregir, para instruir en justicia, a fin de que el siervo de Dios sea perfecto, enteramente preparado para toda buena obra"* (2 Timoteo 3:15-17). Los cristianos avividos quieren más de Dios, anhelan vidas santas y desean sabiduría para aprovechar al máximo sus matrimonios, criar a sus hijos, amar a su prójimo y alcanzar a los perdidos. Se sentarán durante horas cuando los maestros dotados por el Espíritu les abran la Palabra de Dios.

El próximo Despertar disfrutará de herramientas que nunca antes habíamos tenido. Los podcasts de hoy en día hacen que la mejor enseñanza bíblica esté ampliamente disponible y, en general, sea gratuita para cualquier persona con un teléfono inteligente. ¡En los avivamientos venideros, los cristianos tendrán brotes en sus oídos todo el tiempo! Pero aún así saldrán a escuchar la enseñanza bíblica ungida, porque se dedicarán a la oración, a la presencia manifiesta de Dios entre su pueblo y a la comunión de los creyentes, tal como se dedicaron los cristianos en el libro de los Hechos.

Ocho: La presencia manifiesta de Dios (2:43)

Todos los cristianos entienden la omnipresencia de Dios y saben que pueden orar en cualquier lugar. Pero en tiempos y lugares de avivamiento, la presencia de Dios se vuelve obvia, palpable, innegable entre nosotros, ya sea en la convicción del pecado, las sanidades, los milagros, las señales y los prodigios, o la manifestación de los dones del Espíritu Santo (1 Corintios 12). El avivamiento que ocurrió en la Universidad Asbury en febrero de 2023 evidenció entre las personas que vinieron allí el mismo sentimiento públicamente compartido de la presencia manifiesta de Dios. Y las historias del avivamiento cuentan la misma historia a lo largo de la historia de la Iglesia. Suena autocontradictorio, pero el Dios omnipresente a veces "aparece". De hecho, TODA experiencia de avivamiento comienza cuando Dios aparece en un lugar y lo sigue haciendo a lo largo del tiempo. Ese encuentro crea el avivamiento. Puede durar horas, días, semanas, meses, años o décadas.

En Hechos 2:43, "todos se llenaron de asombro por las muchas maravillas y señales que hacían los apóstoles". De hecho, "Los Hechos de los Apóstoles" cuenta la historia de lo que los apóstoles y los cristianos de la Iglesia primitiva hicieron en respuesta a la obra del Espíritu Santo en medio de ellos. Algunos han señalado que deberíamos llamar al libro "Los Hechos del Espíritu Santo", y por supuesto, es una crónica de aquellos actos.

Los cristianos que afirman que tales manifestaciones del Espíritu Santo cesaron con el final de la Era Apostólica interpretan la Biblia de la misma manera que aquellos que creen en los actos milagrosos continuos del Espíritu Santo:

exégesis de su experiencia.[109] Debido a que nunca han experimentado plenamente un verdadero avivamiento bíblico, asumen que nadie más lo ha hecho. Ellos asumen que debido a que Dios no ha respondido a sus oraciones por milagros, Dios ya no responde a ninguna de esas oraciones por nadie. Pero los cristianos que han experimentado el poderoso mover del Espíritu Santo, haciendo que la presencia de Dios se manifieste en medio de los creyentes, saben con certeza que los milagros no han cesado y que Dios volverá a hacer lo que Dios ha hecho antes. Muchos teologos, especialmente Católicos Romanos, han notado que la doctrina de *sola scriptura* de Martín Lutero y el rechazo de milagros contemporáneos de parte de los protestantes tempranos condujo al ascenso del ateísmo durante el Período de la Iluminación.[110] La gente necesita un encuentro milagroso con Dios, o sea a través de una sanidad, un milagro, una señal o simplemente por medio de la igualmente milagrosa la voz apacible y delicada de Dios. Algun tipo de "conversión" puede suceder al nivel intelectual, pero la regeneración, el nuevo Nacimiento, require de un encuentro milagroso con Dios. Cuando llegue el próximo Despertar, y en los muchos avivamientos que lo precederán, la manifestación de la presencia de Dios entre nosotros vendrá con señales y prodigios, sanidades y milagros siguiendo a los que creen (Marcos 16:17).

Nueve: Mayor generosidad hacia la obra de Dios

(2:45)

Las ofrendas de la iglesia y otras manifestaciones de entrega personal a la obra de Dios aumentan grandemente durante el avivamiento. Hechos 2:44-45 informa: *"Todos los creyentes estaban juntos y tenían todo en común. Vendieron propiedades y posesiones para dárselas a cualquiera que lo necesitara"*. Dondequiera que el avivamiento se extendió bajo el ministerio de los apóstoles, estalló la misma generosidad. Mientras Pablo recogía ofrendas de las iglesias gentiles para ayudar a los creyentes de Jerusalén afectados por el hambre, escribió: *"Cuanto a la ministración para los santos, es por demás que yo os escriba; pues conozco vuestra buena voluntad, de la cual yo me glorío entre los de Macedonia, que Acaya está preparada desde el año pasado; y vuestro celo ha estimulado a la mayoría* (2 Coríntios 9:1-2).

En 1975, en el corazón del último Despertar, mi madre y mi hermano hicieron un viaje misionero a Colombia y cuando su grupo regresó a casa, mi familia se unió a ellos para un servicio religioso en Montgomery, Alabama, para escuchar sus testimonios. Regresaron a casa emocionados por todos los colombianos que habían venido a Cristo en su viaje, y estaban decididos a recaudar suficiente dinero para construir una iglesia para ellos. Despues que la gente de la congregación de Montgomery había escuchado las historias y la petición de donaciones, se ponían de pie uno a la vez e hacían sus promesas. Mi padre, conmovido hasta las lágrimas por las almas perdidas de Bogotá, se puso de pie y dijo: "Tengo una colección de monedas por valor de $700 en casa. Lo venderé y lo daré para ayudar a construir esa iglesia".

Papá y yo habíamos ido al banco muchas veces durante varios años para conseguir rollos de monedas para clasificar, seleccionando las monedas valiosas para nuestra colección, y $700 parecía mucho dinero en 1975. Después del servicio, le pregunté: "Papá, ¿cómo puedes vender nuestras monedas?" (Pensé que también eran míos, ya que había ayudado a recogerlos). Nunca olvidaré su respuesta: "Joey, las almas de esas personas en Colombia significan mucho más para mí que esas monedas". Y al instante supe que estaba de acuerdo.

Las personas que han experimentado el avivamiento viven en una feliz generosidad hacia la obra de Dios. Donan con sacrificio a las necesidades de los pobres, pero especialmente a la misión de compartir el Evangelio. Cuando llega el avivamiento, las necesidades de la misión suben, suben, suben. Las iglesias deben ser plantadas. El Evangelio debe difundirse. Los trabajadores deben recaudar apoyo. Y cuando la gente da, el amor de Dios se extiende aún más entre nosotros, ya que "Dios ama al dador alegre" (2 Corintios 9:7).

Diez: Mayor frecuencia de reuniones corporativas para adorar y orar y la Palabra (2:46)

En el avivamiento de Hechos 2, los creyentes "continuaron reuniéndose en los atrios del templo". En los años setenta, íbamos a la iglesia varias noches a la semana y dos veces los domingos. ¡Otras actividades simplemente no parecían tener tanta importancia! Los pequeños entretenimientos tenían poco atractivo. ¿Por qué alguien se quedaría en casa y vería un tonto programa de televisión cuando podría disfrutar de la emocionante presencia de Dios entre el maravilloso pueblo de Dios?

Las iglesias de hoy en día ven muy pocas personas que asisten a los servicios de mitad de semana. Las iglesias no solo han cancelado los servicios de los domingos por la noche por falta de interés, sino que ahora, menos estadounidenses van a la iglesia incluso los domingos por la mañana, como se documentó anteriormente. Recuerdo bien cómo explicábamos los servicios de los domingos por la noche como una reliquia de nuestro pasado agrario, apropiado para la vida en la granja, pero no para la gente de la ciudad. No necesitábamos ir a la iglesia el domingo por la noche.

Y, de hecho, no lo necesitamos. No tenemos que ir a la iglesia dos veces los domingos para permanecer salvos. No tenemos que llevar a nuestros hijos a la escuela dominical y asistir a las clases de adultos antes de la iglesia. No tenemos que presentarnos a las reuniones de oración los miércoles por la noche para que nuestros hijos puedan participar en el grupo de jóvenes. No tenemos que asistir a las reuniones especiales para mujeres y desayunos para hombres y programas especiales para niños y niñas. Podemos ir al cielo al final de nuestra vida de todos modos (aunque posiblemente sin nuestros hijos).

Pero cuando viene el avivamiento, ¡empezamos a desear el Cielo ahora! Tenemos una pasión por la oración, un hambre por la palabra y un deseo de adorar a Dios junto con otros cristianos porque la dimensión especial que ofrece la adoración corporativa hace más por nosotros que escuchar música enlatada en nuestros auriculares. ¡Aparece la presencia manifiesta de Dios! Si bien podemos experimentar a Dios solos, preferimos ser la Iglesia, juntos. A menudo he dicho: "Vamos al cielo junto con la iglesia, pero todos los que van al infierno van solos". En el avivamiento, los cristianos quieren vivir juntos.

Undécima: Aumento de la comunión entre los cristianos (2:46)

No solo aumenta el número de servicios religiosos durante el avivamiento, sino que los cristianos comienzan a reunirse en hogares, restaurantes y otros lugares para pasar tiempo juntos y compartir la obra de Dios en sus vidas. Hechos 2:46 registra el hábito de la iglesia primitiva de buscar la comunión. "Todos los días [...] partieron el pan con corazones alegres y sinceros, alabando a Dios". Celebraban una "fiesta de amor" en sus reuniones dominicales, pero también comían juntos en otras ocasiones.

El compañerismo en la mesa reúne el gozo

de la comida con el amor del Señor en la bendición de la comunidad de una manera que pocas cosas, si es que hay alguna, lo hacen. Las parejas en citas comen juntas por una razón, y las familias felices comen juntas por una razón: compartir comida significa compartir amor. Los cristianos en medio de un avivamiento experimentan un mayor amor mutuo que los une con frecuencia y atrae a los incrédulos a su comunidad. Pero cuando las iglesias y los cristianos se estancan, *la fe evangélica puede reducirse fácilmente a un individualismo superficial*. La gente piensa que no necesita a la Iglesia para ser salvos, y piensan que eso los excusa de la iglesia. Nadie en el avivamiento ha creído eso.

Doce: Favor de la comunidad (2:47)

Si bien los primeros cristianos vieron el favor de "todo el pueblo", eso no incluía al Sanedrín y a los líderes judíos, quienes inmediatamente comenzaron a perseguirlos (Hechos 4:1). Tanto el favor como la oposición surgen cuando comienza el avivamiento. El avivamiento trae gran alegría a una comunidad, ya que las personas encuentran el rescate de los estilos de vida pecaminosos, la liberación de los espíritus malignos, la sanidad de la enfermedad y la restauración en las relaciones.

Las familias encuentran una nueva alegría a medida que los padres, los hijos y los cónyuges se reconcilian entre sí. La salvación se extiende a través de la comunidad a medida que las personas se dan cuenta de las vidas cambiadas de sus familiares y amigos y los acompañan a la iglesia.

Pero al mismo tiempo, los burladores siempre aparecerán cuando ocurra un avivamiento, y la oposición de personas aparentemente "religiosas" y personas en el poder también aumenta. En contraste, las personas en avivamiento exhiben nuevos niveles de sinceridad y fe auténtica. Caminan en gracia y amor. El gozo del favor de Dios vence cualquier forma de persecución u oposición que puedan enfrentar, y la gente se da cuenta.

No todos los cristianos anhelan un avivamiento, y a algunos les resultará más interesante criticar el próximo Despertar y sus avivamientos preparatorios que participar en ellos. Si alguien prefiere criticar a una iglesia en avivamiento por cualquier imperfección de doctrina o práctica que pueda percibir en ellos, ha entrado en un lugar espiritual peligroso. ¡Que Dios los ayude!

Más que nada

Nuestra sociedad tiene muchas necesidades y se enfrenta a muchas crisis hoy en día. La gente no se pone de acuerdo sobre las mejores formas de mejorar nuestro terreno común y, de hecho, necesitamos muchas cosas. Pero más que nada, necesitamos otro Gran Despertar en Estados Unidos. Comenzará y debe comenzar con la familia de la fe. Como se mencionó anteriormente, comúnmente escuchamos que el avivamiento viene como una "obra soberana de la gracia de Dios", y la realidad sigue siendo que no podemos "elaborar" un avivamiento. Ciertamente, no podemos tener un Gran Despertar en toda la sociedad estadounidense que resulte en una salvación masiva de los perdidos simplemente instándonos unos a otros a tener uno. Pero **podemos orar**.

La oración siempre ha precedido al avivamiento. El avivamiento de Hechos 2 comenzó con muchos días de oración concertada en el Aposento Alto. Es probable que el avivamiento nunca haya comenzado de otra manera. Algunas personas han estado orando por avivamiento durante mucho tiempo solas. Aquellos que no han orado por el avivamiento deben unirse a los que sí lo han hecho, ahora. Un despertar puede estar a años de distancia, pero ya ha llegado el momento de invitar a algunos compañeros creyentes a unirse a nosotros para orar por un avivamiento. **Más que cualquier otra cosa, necesitamos buscar a Dios**, para nosotros mismos, nuestras familias, nuestros vecinos, nuestro país y nuestro mundo.

Capítulo 9 La Iglesia del Futuro

Como presidente de una universidad cristiana, disfruto del increíble privilegio de tener un contacto cercano y relaciones con los jóvenes cristianos de hoy, y la gente a menudo me pregunta sobre el futuro de la iglesia. El viejo cliché dice que "los niños son nuestro futuro", pero los jóvenes de hecho determinan no solo el largo futuro de la iglesia, sino también el presente y el futuro cercano. Jesús y sus discípulos lideraron el nacimiento del cristianismo en su juventud, y tal vez nunca en la historia cristiana se ha generado un avivamiento importante por parte de las personas mayores. De hecho, los avivamientos surgen cuando los jóvenes, generalmente en sus veintes, experimentan una ola de arrepentimiento y "primer amor" por Jesús que los impulsa a llamar a toda la iglesia a una mayor fidelidad y testimonio.

Los jóvenes cristianos de hoy en día generalmente comparten gran parte de la perspectiva generacional típica de otros jóvenes de la Generación Z, pero nada en su naturaleza o carácter les impedirá liderar a las iglesias en el avivamiento cuando Dios comience a derramar avivamiento para preparar a la Iglesia para el Sexto Gran Despertar en las próximas dos décadas. Los jóvenes cristianos de hoy aman al Señor, y responderán al llamado cuando Dios les dé la gracia de escucharlo.

Entonces, ¿cómo será la Iglesia del Futuro? Eso ya lo sabemos. Juan nos lo reveló en Apocalipsis 7:9-10:

Después de esto miré, y he aquí una gran multitud, la cual nadie podía contar, de todas naciones y tribus y pueblos y lenguas, que estaban delante del trono y en la presencia del Cordero, vestidos de ropas blancas, y con palmas en las manos; y clamaban a gran voz, diciendo: La salvación pertenece a nuestro Dios que está sentado en el trono, y al Cordero.

Dios ya ha determinado la naturaleza de la Iglesia Futura y nos la ha revelado. **La iglesia del futuro emergerá inexorablemente por el poder del propósito eterno de Dios: una iglesia gloriosa, sin mancha ni arruga (Efesios 5:27), que incluya a todos los redimidos de toda la historia de la humanidad, resplandeciente en alabanza con la palabra de salvación todavía en sus bocas.**

Las marcas de la Iglesia

Desde el año 325 d.C. y el Concilio Ecuménico de Nicea, los cristianos han confesado su fe en "una iglesia santa, católica y apostólica". Vemos precisamente una iglesia como la que está en el Cielo a través de la profecía de Apocalipsis 7:9-11. La iglesia alrededor del trono de Dios muestra exactamente las características

reconocidas en el Credo de Nicea:
- (1) **una** multitud, tan indivisible que nadie puede contarla;
- (2) **santa**, vestida con las vestiduras blancas de la pureza, una iglesia gloriosa sin mancha ni arruga, como dijo Pablo;
- (3) **católica**, o **mundial** , porque incluye a todas las naciones, pueblos, lenguas y tribus;
- (4) **apostólica**, porque continúa declarando el mensaje de salvación en Cristo, incluso en la eternidad.

Los teólogos se refieren a estas características nicenas y bíblicas como "las marcas de la Iglesia". Más adelante, este capítulo explicará más a fondo lo que significa confesar una iglesia santa, católica y apostólica, pero por ahora es suficiente decir que la Iglesia de Apocalipsis 7 representa de hecho a la Iglesia Verdadera, y en la medida en que nuestras iglesias aquí y ahora se asemejan a ese estado final de la iglesia, pueden afirmar que evidencian la Iglesia Verdadera.

Si queremos que nuestra expresión local de la iglesia prospere, debemos esforzarnos por alcanzar la iglesia ideal de Apocalipsis 7. No todas las iglesias locales reflejan ese ideal perfecto. Algunas iglesias fracasan en la prueba de la unidad; otras se quedan cortas en santidad; otras difícilmente pueden reclamar la catolicidad, y otras fracasan en la apostolicidad. Ninguna iglesia local ha alcanzado la perfección. La tesis de Reinhold Niebuhr en *Moral Man and Immoral*

Society —que la sociedad tiende a magnificar el efecto del mal personal— sugiere que ningún grupo social, ni siquiera las iglesias, puede alcanzar el nivel de devoción que los individuos pueden vivir.

Los sínodos, las denominaciones y otras jurisdicciones corporativas de las iglesias también luchan por alcanzar la perfección, tal vez en órdenes decrecientes de logro. Pero Dios nos ha dado un ejemplo para modelarnos, y no nos atrevemos a dejar de esforzarnos por realizar el ideal. **Al final, Dios logrará lo que nosotros no pudimos en la Iglesia del Futuro que seguirá surgiendo en las próximas décadas. La Iglesia, triunfante, avanzará hacia la victoria de Dios,** *"y las puertas del Hades no prevalecerán contra ella"* **(Mateo 16:18)**

Como Pablo escribió en Efesios 6:12, no luchamos *"contra sangre y carne, sino contra principados, contra potestades, contra los gobernadores de las tinieblas de este siglo, contra huestes espirituales de maldad en las regiones celestes."* En nuestro tiempo, la embestida del mal sigue causando "aun a *los elegidos,* si fuere posible, a ser engañados" (Mateo 24:24). Pero nunca debemos olvidar otro pasaje en el que Pablo considera el impacto del mal en las estructuras mismas de nuestra existencia: *"estoy seguro de que ni la muerte, ni la vida, ni ángeles, ni principados, ni potestades, ni lo presente, ni lo por venir, ni lo alto, ni lo profundo, ni ninguna otra cosa creada nos podrá separar del amor de Dios, que es en Cristo Jesús Señor nuestro."* (Romanos 8:38-39). Nos enfrentaremos a las fuerzas del mal porque Dios nos hará estar firmes (Romanos 14:4).

Por qué el diablo no puede prevalecer

La victoria final de la Iglesia, y nuestra propia victoria si permanecemos fieles a Cristo, está asegurada. Cristo ha ganado la victoria final en la Cruz. Nuestro enemigo siempre exagera su poder. Debido a que Satanás se ha entregado completamente al mal, rechazando a Dios, la única fuente del bien, su maldad no tiene regulador. No puede contener su maldad ni dejar de actuar malvadamente. Él cree que si un poco de mal funciona, más mal funciona mejor. Y así, siempre se le pasa la mano. Si tan solo hubiera podido evitar crucificar a Jesús, si tan solo lo hubiera azotado, clavado en la cruz y luego lo hubiera dejado ir, teóricamente podría haber frustrado el plan de salvación de Dios. Pero no pudo detenerse, ya que Dios sabía de antemano que no lo haría.

Satanás no entiende el misterio de la sabiduría de Dios y la perfección de su plan. Pablo explica, en 1 Corintios 2:7-9:

Mas hablamos sabiduría de Dios en misterio, la sabiduría oculta, la cual Dios predestinó antes de los siglos para nuestra gloria, [8] la que ninguno de los príncipes de este siglo conoció; porque si la hubieran conocido, nunca habrían crucificado al Señor de

gloria. ⁹ Antes bien, como está escrito:
Cosas que ojo no vio, ni oído oyó,
Ni han subido en corazón de hombre,
Son las que Dios ha preparado para los que le aman.
Y en Romanos, Pablo declara: "*sabemos que a los que aman a Dios, todas las cosas les ayudan a bien, esto es, a los que conforme a su propósito son llamados*" (8:28) y "*en todas estas cosas somos más que vencedores por medio de aquel que nos amó*" (8:37).

Dios derrotará a Satanás y llevará a la Iglesia a la victoria y preséntarla a sí mismo como una iglesia radiante, sin mancha ni arruga ni ninguna otra mancha, sino santa e irreprensible (Efesios 5:27) en el tiempo de Dios. A ningún cristiano le gusta ver el mal corriendo desenfrenado en nuestro mundo, pero tenemos el consuelo, como Pablo escribió en Romanos 13:11-12: "*ahora está más cerca de nosotros nuestra salvación que cuando creímos. La noche está avanzada, y se acerca el día. Desechemos, pues, las obras de las tinieblas, y vistámonos las armas de la luz.*"

Una Sola Iglesia, Santa, Católica y Apostólica

Cada expresión del Cuerpo de Cristo muestra de manera imperfecta pero distinta las marcas de la iglesia, y la iglesia futura no dejará de hacerlo. **En primer lugar, la Iglesia del Futuro seguirá siendo una sola iglesia,** formada por miembros de muchas denominaciones y congregaciones.

EL SEXTO GRAN DESPERTAR

Durante los últimos cien años, especialmente después de la Conferencia Misionera de Edinburgo en 1910, muchos teólogos han escrito sobre el escándalo de la iglesia dividida de hoy.[111] El Movimiento Ecuménico buscó abordar la división del cristianismo que surgió como resultado de (1) el Gran Cisma de 1040 que finalmente dividió a la iglesia en ramas católica y ortodoxa y (2) la Reforma Protestante que cristalizó en la publicación de las 95 tesis de Martín Lutero en 1517. El Movimiento Ecuménico fracasó, ya que el protestantismo liberal generalmente negaba las afirmaciones esenciales del kerigma apostólico (1 Corintios 15:3-9), especialmente la resurrección literal y corporal de Cristo. Su eventual aceptación de la revolución marxista y su rechazo de la autoridad bíblica hicieron imposible que las iglesias fieles compartieran la comunión con los líderes radicales de la iglesia que buscaban llevar a la Iglesia a la apostasía.

En lugar de unirse en una comunidad global de denominaciones doctrinalmente ortodoxas, el cristianismo mundial, especialmente en Estados Unidos, se ha atomizado en una vasta colección de iglesias independientes y no denominacionales a medida que las denominaciones históricas declinan. En el noroeste del Pacífico, donde vivo y trabajo, la gente ve la afirmación de la identidad denominacional como algo *de mal gusto*. Las iglesias pueden pertenecer a una denominación, pero no suelen anunciarla en su nombre. Si alguien quiere saber a dónde va una persona a la iglesia o en qué denominación creció, debe preguntar muy específicamente.

Northwest University mantiene con orgullo una identidad denominacional como parte de las Asambleas de Dios, pero nuestra denominación patrocinadora nos ha encargado no solo servir a sus miembros, sino también ofrecer su mejor regalo al resto del Cuerpo de Cristo. Por lo tanto, evitamos cualquier afirmación de que nuestra denominación tenga una verdad superior o que somos mejores que otras denominaciones. En mi propio caso, como miembro de cuarta generación de las Asambleas de Dios, soy leal a ella no solo porque estoy de acuerdo con sus distintivos doctrinales y misionales, sino por los largos lazos familiares y de amistad que disfruto dentro de ella. Tener un hogar denominacional puede ofrecer beneficios maravillosos. Al mismo tiempo, nuestro cuerpo docente y elcuerpo estudiantil incluyen cristianos de una amplia variedad de denominaciones e iglesias, y venimos aquí para servir a Dios juntos en unidad.

Con disculpas a aquellos teólogos que consideran que las divisiones denominacionales del cristianismo son un escándalo, afirmo que las denominaciones han jugado un papel muy saludable en la historia de la Iglesia y en el presente. Las denominaciones han reunido a grandes grupos de personas de todas las naciones para trabajar juntos por el Reino de Dios. Han proporcionado posiciones doctrinales específicas y explicaciones para ellos que han permitido a las personas confesar su fe de una manera completa, con convicción, en lugar de simplemente quedarse de brazos cruzados sin saber qué creer. Han ejercido una valiosa disciplina moral y doctrinal que ha ayudado a los ministros a evitar sus peores tentaciones o a detenerlos cuando caían en patrones destructivos de pecado o error. Han bendecido, y continuarán bendiciendo a la Iglesia, en la medida en que eviten la división sectaria y la pretensión de supremacía frente a otras organizaciones cristianas. Lo mismo ocurre con las iglesias independientes.

C. S. Lewis, el gran defensor del "mero cristianismo" (cristianismo y nada más) —las creencias y prácticas básicas que los cristianos han mantenido en común desde las primeras formas de la Iglesia— se identificó muy claramente como "un laico ordinario de la Iglesia de Inglaterra".[112] Él no veía el mero cristianismo como un sustituto de la membresía en una iglesia en particular. Escribió:

> Espero que ningún lector suponga que el "mero" cristianismo se presenta aquí como una alternativa a los credos de las comuniones existentes, como si un hombre pudiera adoptarlo con preferencia al congregacionalismo o a la ortodoxia griega o a cualquier otra cosa. Es más

como un pasillo desde el que las puertas se abren a varias habitaciones. Si puedo traer a alguien a esa sala, habré hecho lo que intenté. Pero es en las habitaciones, no en el vestíbulo, donde hay fuegos, sillas y comidas. El vestíbulo es un lugar para esperar, un lugar para probar las distintas puertas, no un lugar para vivir.

Ya sea que elijamos ser miembros de una iglesia local que pertenezca a una denominación u optemos por una iglesia independiente, debemos mantener nuestras creencias particulares humildemente en el servicio y la comunión con aquellos cristianos que pueden diferir en asuntos que no son esenciales para la salvación.

Debemos creer en la importancia de una profunda convicción y animar a cada iglesia y denominación a una mayor consagración y servicio, incluso mientras buscamos la unidad más perfecta posible en nuestra expresión congregacional. Al final, la Iglesia en la tierra sólo puede aproximarse al estado celestial de la Iglesia. Aunque todavía no hemos construido la Nueva Jerusalén en América, como William Blake imaginó hacer en Inglaterra, podemos ver destellos del Cielo desde nuestras iglesias.

Una iglesia santa

La Iglesia del Futuro seguirá siendo una Iglesia santa, pero así como la Iglesia siempre ha luchado por vivir su unidad, la santidad continuará desafiándonos. La palabra santidad, de hecho, tiene una definición diferente cuando se aplica a Dios que cuando se aplica a las personas y las cosas. Para simplificar al gran teólogo Rodolfo Otto y su libro magistral, *La idea de lo santo,* la santidad de Dios emana del poder numinoso divino ilimitado.[113] Dios se ha aparecido en santidad a personas de todas las naciones y culturas del mundo, y el concepto tiene una notable similitud en todas partes. Otto ve la santidad como un "*elemento a priori*" de la religión, "con sus propias raíces independientes en las profundidades del mismo espíritu humano".[114]

Cuando el ser humano se encuentra con lo Santo, experimenta un doble misterio: lo que Otto llamaba el *mysterium tremendum* y el *mysterium fascinans*. El primero aflige a los seres humanos con un temor abrumador y *terrible* de Dios a medida que no se sienten dignos de experimentar y, por lo tanto, perciben como una amenaza existencial. Este último *misterium fascinans* nos fascina y nos traspasa, de modo que incluso si deseamos huir de la amenaza de Dios, no podemos decidirnos a abandonar la irresistible presencia divina.

Kenneth Graham, capturó la experiencia de la santidad de Dios bellamente en un pasaje de El Viento y los Sauces en el que Topo y Rata se encuentran con su dios:

¡Rata!, encontró aliento para susurrar, temblando. —¿Tienes miedo?

—¿Miedo? —murmuró la Rata, con los ojos

brillando con un amor indecible. "¡Miedo! ¿De *él*? ¡Oh, nunca, nunca! Y, sin embargo, y sin embargo, ¡oh, Topo, me temo!

Entonces los dos animales, agachados en tierra, inclinaron la cabeza y adoraron.[115]

En nuestra época, los cristianos casi nunca mencionan el "temor" de Dios, pero cualquiera que haya tenido una experiencia de la santidad de Dios entiende cómo el temor de Dios y el amor de Dios se requieren mutuamente y nos inspiran a vivir vidas santas ante Dios.

Algunas personas parecen tener un aura de santidad a su alrededor. Inspiran el mayor respeto y reverencia y, al mismo tiempo, atraen a las personas como un imán atrae al hierro. Una de esas personas para mí fue el difunto reverendo Desmond Evans, pastor de la Iglesia Comunitaria Bethesda en Fort Worth, Texas. Un galés que emigró a los Estados Unidos cuando era joven, vivió una vida de notable servicio a Dios y a la humanidad, y su vida inmaculada siempre me desafiará e inspirará. Muchas personas le temían tanto como lo querían, pero nunca querían perder la oportunidad de pasar tiempo con él.

En este sentido, la santidad se refiere no tanto a la impecabilidad como a una cierta fuerza moral que emana de una persona. Esa fuerza puede parecer prohibitiva o atractiva según la fuente y el contexto. C.S. Lewis cuenta el relato de una mujer ficticia que era verdaderamente santa en el cielo en su libro, *El Gran Divorcio*. La describe como una mujer que, al mismo tiempo que encantaba a los hombres, los inspiraba a amar más a sus esposas. Como una especie de madre espiritual, motivaba a los hijos a amar más a sus padres. Al amar a los animales, les dio vida "por la abundancia de vida que tenía en Cristo".[116] En una historia así, llegamos a comprender que la santidad consiste no solo en un estado de ser, sino en una fuerza dinámica que emana de ese estado, llena de alegría, poder y amor. No nos equivoquemos: el tiempo que pasamos en la presencia de Dios aumenta nuestra santidad, y el pecado erosiona e incluso destruye esa santidad. Nuestra santidad siempre existe en relación con la santidad de Dios y nuestra comunión con él.

Por lo general, cuando las personas atribuyen santidad a un objeto, se refieren al hecho de que la cosa ha sido "apartada" para uso santo. Objetos utilizados en los servicios de adoración, como cálices o platos de comunión, cruces que adornan un altar y, de hecho, la cruz sobre la que murió Jesús. Podríamos llamar santas a las personas cuando se han apartado para el servicio de Dios. Pero la triste falibilidad de las personas así apartadas nos recuerda que la santidad va más allá de la mera función.

Las personas y las iglesias siempre han luchado por definir y vivir la santidad de la Iglesia. Hace años, muchas iglesias pentecostales y de santidad parecían definir la santidad en términos legalistas o funcionales, compilando una lista de comportamientos considerados pecaminosos o conducentes al pecado. A veces, las personas buscaban la santidad obedeciendo esas reglas, una tarea mucho más fácil que buscar a Dios, permanecer en la presencia de Dios y caminar en el poder santo del Espíritu de Dios.

La reacción en las décadas de 1970 y 1980 contra el legalismo que había ganado tanto terreno entre los cristianos conservadores en las primeras décadas del siglo XX ha llevado a una situación en la que rara vez enseñamos sobre la santidad o exhortamos a las personas a la santidad, y muchas iglesias e individuos parecen haber abandonado todas las reglas, dejando a las personas con un sentido de libertad moral que no brinda protección contra el pecado. El libertinaje nunca puede servir como antídoto contra el legalismo. La Verdadera Iglesia odia el pecado y no lo ignorará. La santidad trasciende los códigos morales, pero siempre incluye la vida moral. Pero las iglesias y las personas luchan por realizar el ideal de santidad que marca a la Verdadera Iglesia.

Las iglesias deben animar a sus miembros a amar a Dios y a buscar el rostro de Dios, abriendo sus vidas al poder del Espíritu Santo y a la fuerza positiva de la santidad, y deben adoptar dos enfoques para lidiar con el pecado. Primero, tenemos una declaración clara de principios morales basados en la verdad bíblica que declaramos como nuestra norma. Tener tal estándar no asegura ni puede asegurar la impecabilidad de nuestra comunidad, pero sí presenta un desafío a todos nosotros para vivir de acuerdo con los estándares bíblicos. Debemos esperar que los cristianos vivan a la altura de las normas de comportamiento de nuestras comunidades.

En contraste, Pablo esboza una postura de tolerar comportamientos en los incrédulos que no aceptaríamos en la Iglesia:

Os he escrito por carta, que no os juntéis con los fornicarios; no absolutamente con los fornicarios de este mundo, o con los avaros, o con los ladrones, o con los idólatras; pues en tal caso os sería necesario salir del mundo. Más bien os escribí que no os juntéis con ninguno que, llamándose hermano, fuere fornicario, o avaro, o idólatra, o maldiciente, o borracho, o ladrón; con el tal ni aun comáis. Porque ¿qué razón tendría yo para juzgar a los que están fuera? ¿No juzgáis vosotros a los que están dentro? Porque a los que están fuera, Dios juzgará (1 Corintios 5:9-13).

Dios bendecirá los esfuerzos por mantener la integridad dentro de la Iglesia, así como los esfuerzos por compartir nuestra fe en Cristo con aquellos que aún no lo conocen.

El peligro inherente al que se enfrentan todos los cristianos cuando admiten a los incrédulos en su círculo significa que la influencia va en ambos sentidos. Los cristianos pueden influir en los incrédulos, pero los incrédulos también pueden influir en los cristianos. Nuestro deseo de santidad debe mantenernos siempre vigilantes para asegurarnos de que permanecemos cerca de Jesús, llenos del Espíritu Santo y separados de las actividades que entristecen al Espíritu Santo y nos drenan del poder atractivo de la santidad. Pero recuérdese también el doble misterio que hay en el corazón de la santidad, que incluye la inspiración de la reverencia. No debemos adoptar ninguna forma de santidad que sacrifique uno de los misterios por el otro, por ejemplo, un estilo condenatorio y crítico que no irradie ningún poder de amor.

Una iglesia católica

Como la mayoría de los cristianos saben, el uso del término teológico *católico* no se refiere solamente a la "Iglesia Católica Romana". La palabra "católico" (*katólikos* en el griego original) significa, literalmente, "conforme al todo", derivado de la palabra griega *Kata* (según) y *holón* (entero). La frase significa principalmente que la Iglesia debe incluir a los cristianos de todo el mundo.

Cuando Dios estableció el Mandato de Migración, "llena la tierra", en Génesis 1:28, el mandamiento aseguró la realización del pleno florecimiento de la diversidad humana que eventualmente se reunirá en la gran multitud de los redimidos en el Cielo (Apocalipsis 7:9). Emigrar para llenar la tierra implicaba el pleno desarrollo de la variedad codificada en el genoma humano por Dios. A medida que la gente dejaba el Edén (¡y Babel!) para llenar la tierra, surgían tonos de piel, culturas, nacionalidades y todas las categorías de diferencias entre los humanos. Pero desde la Era de los Descubrimientos que comenzó a finales del siglo XV, y especialmente en nuestros tiempos poscoloniales de globalización, ese surgimiento se ha vuelto a unir en el crisol global, en el que personas de todas las naciones han emigrado a todas las naciones.

Nunca antes habían convivido tantas personas que representaban tanta diversidad étnica en los mismos países y ciudades de todo el mundo. Lo que una vez pudo haber parecido una realidad que solo podía existir en el Cielo se ha convertido en el SOP (Procedimiento Operativo Estándar) de la iglesia urbana y, cada vez más, suburbana. Hoy en día, en las iglesias de los Estados Unidos, los cristianos de todas las denominaciones y variedades disfrutan de la diversidad católica de la Iglesia directamente a diario.

Una Iglesia Apostólica

Finalmente, la Iglesia del Futuro sigue siendo una Iglesia apostólica, comprometida de todo corazón con el Evangelio y con alcanzar al mundo para Cristo. La tradición católica romana definía la apostolicidad de la iglesia como derivada de la "sucesión apostólica". Esa idea trazaba la imposición de manos en la ordenación a través de una cadena ininterrumpida desde el primer siglo hasta hoy. Tal línea de sucesión existe en la Iglesia Católica Romana, en la Ortodoxa y en la mayoría de las iglesias protestantes, pero la apostolicidad de la Iglesia no se deriva de ella.

Algunas iglesias evangélicas protestantes definirían la apostolicidad como "seguir la enseñanza apostólica" (Hechos 2:38), y sin duda, la fidelidad a la enseñanza de la Biblia, y especialmente del Nuevo Testamento, constituye una parte importante de la apostolicidad. Pero la verdadera apostolicidad requiere un compromiso tan sólido como una roca para obedecer la Gran Comisión. La palabra "apóstol" proviene del verbo griego *apostolos*, que significa "emisario" o "enviado". **La apostolicidad de la Iglesia proviene de la Comisión para la cual Jesús la envió a la misión.** (Precisamente, "mision" viene del verbo latin *mitto*, que igual que *apostello* en griego significa "yo envío").

Las iglesias que declaran a todo el mundo la salvación obrada en la cruz por Jesucristo exhiben verdadera apostolicidad, y cada iglesia local debe esforzarse por vivir como una iglesia apostólica. Eso significa que enviamos y recibimos misioneros, vivimos nuestros valores de evangelización y capacitamos a los obreros de nuestras iglesias para llevar el Evangelio a todos los rincones del mundo, pero especialmente a los rincones más cercanos de nuestros vecindarios, pueblos y ciudades y a las encrucijadas rurales

donde la gente se encuentra.
La Iglesia del Sexto Gran Despertar
Cada iglesia local en Estados Unidos y en todo el mundo debe comprometerse a cumpliir el ideal de una iglesia santa, católica y apostólica. En mi trabajo como educador observando a los estudiantes de hoy, he aprendido las siguientes cosas sobre cómo será la iglesia del futuro y cómo debemos abordar sus necesidades.

La Iglesia seguirá siendo una
La Iglesia del Sexto Gran Despertar tendrá un carácter post-denominacional más grande de lo que jamás hayamos visto. Eso de ninguna manera significa que las denominaciones se enfrentarán a la irrelevancia. Nuestra relación con la denominación de las Asambleas de Dios en la Universidad Northwest ofrece un excelente ejemplo de la utilidad de tener un "equipo de base" con quien trabajar. Pero las líneas entre las iglesias nunca volverán al nivel de dureza que han conocido.

Las denominaciones desempeñaron una importante función sociológica en el asentamiento de la frontera americana, ya que la identidad denominacional desempeñó un papel importante en la creación de las fronteras sociales que mantuvieron unidos a los clanes pioneros. Al mismo tiempo, las confesiones doctrinales se endurecieron, sirviendo como defensa contra la pérdida de jóvenes a manos de otros clanes. Debido a que tales clanes desempeñaban un papel esencial en el mantenimiento de las comunidades unidas, la gente ponía mucho más énfasis en el acuerdo doctrinal de lo que la fe misma requería. El cristianismo funciona perfectamente bien sin que todos los cristianos estén completamente de acuerdo en cada punto de la doctrina. Como dijo Pablo, *"en parte conocemos"* (1 Corintios 13:9). En los Estados Unidos de hoy, los clanes pioneros ya no desempeñan ningún papel significativo en nuestra sociedad, y los cristianos necesitan continuamente nuevas conexiones para tener éxito, en lugar de límites innecesarios y endurecidos. Para más información sobre este fenómeno, véase mi libro, *The Kingdom Net: Learning to Network Like Jesus*.[117]

En el Despertar venidero, las denominaciones nuevas y viejas seguirán existiendo, y las iglesias independientes continuarán proliferando, pero los cristianos mostrarán una mayor unidad de la que hemos visto desde los primeros días de la Iglesia. Y tal como lo demuestra el Libro de los Hechos, la división siempre jugará un papel en la Iglesia, así como la discordia que el enemigo siembra e incluso cuando nuestra humanidad caída crea luchas de poder entre nosotros.

La Iglesia del Sexto Gran Despertar también será Santa

Al igual que la iglesia de todos los tiempos, la iglesia del futuro luchará por definir y vivir la santidad cristiana. Los jóvenes de hoy, en

EL SEXTO GRAN DESPERTAR

particular, se enfrentan a la vulnerabilidad en la medida en que las generaciones posmodernas recientes aborrecen la exclusión de cualquier persona. Al igual que las generaciones pasadas que les precedieron, les resulta cada vez más difícil juzgar a los demás.[118] Las escuelas públicas a menudo han tenido un papel más importante en la formación de sus creencias morales que la iglesia. Sin embargo, muchos jóvenes aman al Señor y estudian las Escrituras para aprender a agradar a Dios en lugar de tomar todas sus señales morales de sus maestros y compañeros de clase. Quieren pertenecer a iglesias que tengan el favor de Dios, y aunque pueden experimentar con iglesias más permisivas, su hambre por la presencia real de Dios los llevará de vuelta a la preferencia por las iglesias que sostienen un estándar claro de comportamiento moral extraído de la Palabra de Dios en las Sagradas Escrituras. Imagínese una nueva generación de cristianos que logran amar a las personas a pesar de sus diferencias, mientras que al mismo tiempo viven poderosamente a la altura de los estándares de santidad bíblica.

En la mitología griega de la *Odisea de Homero*, Escila y Caribdis aparecen como dos monstruos que vivían en lados opuestos de un pasaje marítimo.[119] Navegar demasiado hacia un lado ponía a los barcos en peligro de Escila, mientras que acercarse demasiado al otro lado ponía en juego a Caribdis. Los barcos necesitaban

167

navegar por el centro del pasaje para garantizar su seguridad. Ese episodio simbolizaba el peligro de los extremos. En cuanto a la santidad, los extremos son el legalismo por un lado y el libertinaje por el otro.

El legalismo solía conducir a mucha hipocresía en la demanda de que todos alcanzaran la perfección cristiana, alienando a muchos y arruinando la fe de otros. Ahora el peligro está más del lado del libertinaje: no tener normas en absoluto y aceptar el comportamiento pecaminoso bajo la excusa de que nadie tiene derecho a juzgar. Un viejo aforismo entre los cristianos protesta apropiadamente: "Yo no soy juez; Soy inspector de frutas". No tenemos derecho a señalar con el dedo a los demás y pretender que hemos alcanzado la perfección, pero tenemos todo el deber de reconocer que no todas las formas de vida producen resultados piadosos, agradables y saludables. Por eso tenemos que adoptar normas piadosas para nosotros mismos, nuestras familias e iglesias.

En el período previo al próximo Despertar, algunas iglesias continuarán capitulando ante los valores del mundo. Pero hemos visto a lo largo de la historia de la iglesia, y especialmente en los últimos años a medida que el protestantismo principal se ha reducido drásticamente, lo que les sucede a tales iglesias. Pierden el favor de Dios y se desvanecen a medida que la gente los abandona para buscar la presencia de Dios y la victoria sobre el pecado que viene con la ayuda de Dios y el apoyo del Cuerpo de Cristo. En contraste, las iglesias revividas del Sexto Gran Despertar y sus años precedentes no dejarán de enseñar la santidad bíblica a su pueblo. Continuarán promoviendo la moralidad bíblica y las normas en las expectativas de estilo de vida de su comunidad. Al igual que sus predecesores, no estarán a la altura del ideal de Dios, pero nunca dejarán de luchar por la presencia y la santidad de Dios. Cuando permanecemos en Dios, no dejaremos de reflejar la santidad de Dios en nuestras vidas.

La Iglesia del Sexto Gran Despertar será católica

Estados Unidos seguirá siendo más diverso. Las tasas de natalidad más bajas de la historia que hemos generado hoy significan que las tasas de inmigración seguirán siendo altas durante muchos años. Sigue el dinero: Población => negocio => dinero. En los próximos años, el electorado exigirá una política de inmigración que regule la inmigración legalmente y proporcione una economía en crecimiento, reduciendo enormemente el sistema en la sombra que actualmente existe fuera de la ley. En el futuro de los Estados Unidos, las iglesias que no logren atraer a una membresía diversa no pasarán la prueba de legitimidad entre los jóvenes cristianos de hoy y de mañana. Esto incluye las iglesias étnicas que operan en un idioma foráneo dentro de los Estados Unidos. Sus jóvenes abandonarán sus iglesias si no están alcanzando a otras etnias.

Las duras divisiones raciales que alguna vez caracterizaron a Estados Unidos han comenzado a desvanecerse, provocando voces cada vez más fuertes (y quejas más duras sobre el racismo) entre aquellos que buscan poder y riqueza, exacerbando la división. Pero los matrimonios mixtos entre las razas han aumentado entre todas las clases sociales de Estados Unidos, y las rivalidades raciales disminuirán considerablemente en los próximos veinte años. Desde 1967, cuando el matrimonio interracial se legalizó en los cincuenta estados, el porcentaje de matrimonios interraciales ha aumentado del 3% al 19%, aproximadamente uno de cada cinco matrimonios estadounidenses.[120]

En 2021, la Organización Gallup descubrió que el 94% de los adultos estadounidenses aprueban los matrimonios entre personas negras y blancas. Solo el 4% lo aprobó en 1958.[121] La creciente aprobación de los matrimonios interraciales, incluso entre las razas históricamente más divididas, junto con el respeto por la diversidad entre los jóvenes de hoy, sugiere que las futuras divisiones de Estados Unidos se centrarán más en la clase social y el nivel de ingresos que en la identidad racial. Sin embargo, las iglesias continuarán volviéndose cada vez más "católicas" en el futuro de Estados Unidos.

Pero católico significa algo más que "internacional" o "interracial". También significa que predicamos "el Evangelio según el todo", es decir, el Evangelio completo. Las iglesias pentecostales han predicado durante un siglo que el Evangelio completo declara a Jesús como nuestro Salvador, Sanador, Bautizador en el Espíritu y Rey Pronto Venidero. Los jóvenes de hoy saben que un Evangelio completo también debe resultar en estómagos llenos. Se preocupan profundamente por la justicia social y por satisfacer las necesidades de las personas de manera integral. Exigirán un evangelio "sin un agujero en él".[122] Las Iglesias del Sexto Gran Despertar pondrán un mayor énfasis en la evangelización que las iglesias de hoy, pero no abandonarán la preocupación por las personas que sufren, en E.E.U.U. y en todo el mundo. En todos los Despertares anteriores en Estados Unidos, las iglesias han asumido el reto de atender las necesidades de los pobres, y el Despertar venidero no diferirá de los del pasado en este aspecto crucial de la obra del Reino.

La Iglesia del Sexto Gran Despertar será apostólica

Durante la pandemia quedó muy claro que el ministerio de las iglesias utiliza la tecnología más que nunca. En los pasados Despertares americanos, los cristianos siempre han reunido la última tecnología para difundir el avance del Evangelio. (Piense en Billy Graham y Oral Roberts usando la televisión y la radio). Los jóvenes de hoy aman la tecnología, y la próxima generación disfrutará de un poder tecnológico aún mayor.

Recientemente, la pandemia de COVID-19 obligó incluso a las iglesias más tímidas a la tecnología a aprender a transmitir sus servicios en Facebook, YouTube y Zoom, y nunca habrían enfrentado el desafío si no hubiera sido por los adolescentes y veinteañeros en sus iglesias que les enseñaron cómo hacerlo. A medida que amanece la era de la Inteligencia Artificial, ahora no es el momento de abandonar la tecnología. Las iglesias ya han comenzado a utilizar la inteligencia artificial para traducir sus servicios a diferentes idiomas casi simultáneamente.

Iglesias crecientes ahora y en el futuro maximizarán las tecnologías de inteligencia artificial para el contacto diario con las personas que visitan y asisten a nuestras iglesias. Las aplicaciones de la iglesia necesitan maximización, los sistemas necesitan expandirse. La Generación Z está lista para servir a la propagación de la iglesia como nunca antes a través de la tecnología, y a medida que tomen las riendas del liderazgo ministerial en la próxima era de avivamiento, harán aún más.

La Generación Z también tiene un fuerte impulso y llamado misionero. Ninguna generación se ha preocupado más por las personas oprimidas en su país y en todo el mundo que la Generación Milénica. Un grupo resistente y heroico, muestran más voluntad de arriesgar sus vidas en la misión que las últimas generaciones anteriores. Ellos guiarán a la Generación Z a levantarse y enfrentar el desafío apostólico, y las iglesias deben prepararse para enviarlos. A medida que maduren, verán el advenimiento del Sexto Gran Despertar, y traerán fielmente su experiencia a la nueva generación para continuar el avance apostólico de la Iglesia.

Capítulo 10 Preparándose para el Próximo Despertar

Este libro ha hecho una clara distinción entre avivamientos y despertares. Una vez más, un avivamiento ocurre cuando Dios soberanamente, por el beneplácito de Dios, derrama el Espíritu Santo sobre las personas, generalmente en las iglesias, energizando su fe y su deseo para que evidencien el entusiasmo de la Iglesia Primitiva y vivan juntos la fe cristiana, alcanzando a los incrédulos y reclamando a los descarriados. Un Despertar ocurre cuando una sociedad dirige su atención a las cosas espirituales después de un largo período de prosperidad y victoria y el vacío que inevitablemente le sigue. Un despertar puede o no resultar en iglesias reavivadas y un gran número de nuevos cristianos. El Sexto Despertar que Estados Unidos experimentará en la década de 2040 puede o no llevar a la Iglesia a su mejor momento. **Lo que hagamos al respecto será importante.**

Si las iglesias estadounidenses no experimentan un avivamiento en los años previos al próximo Despertar, perderán la oportunidad más grande de la historia. Incluso ahora, las iglesias de todo el mundo continúan experimentando un avivamiento. La Iglesia sigue floreciendo en África y China y América Latina y también en Asia. El avivamiento también puede venir a nuestras iglesias en los Estados Unidos, pero debemos buscar a Dios para recibirlo. A aquellos que ofrecerán inmediatamente una objeción basada en la doctrina de *solo fide,* solo puedo responder que mi tradición cristiana cree firmemente en el valor del esfuerzo moral y espiritual, incluso si ese esfuerzo no puede producir la salvación, la justicia o el avivamiento sin la respuesta de Dios según su soberana voluntad.

Oremos por un avivamiento

Los solitarios guerreros de oración probablemente logran más por el Reino de Dios de lo que podríamos imaginar, y las sesiones privadas de oración ciertamente establecen el marco para nuestras vidas espirituales personales. Pero la oración cristiana debe incluir siempre una dimensión corporativa. Oramos mucho mejor en grupos de lo que cualquiera de nosotros puede orar solo. El modelo de oración que Jesús enseñó a sus discípulos supone que las personas orarán juntas. "NUESTRO Padre... *danos* hoy nuestro pan de cada día, y *perdónanos nuestras* ofensas, como también *nosotros perdonamos* a los que *nos* ofenden, y no *nos* dejes caer en tentación, sino *líbranos* del mal". Si toda tu oración ocurre en soledad, puedes mejorarla uniéndote a otros.

Jesús expresó su amor por los grupos de oración en Mateo 18:18-20. Nótese la pluralidad de los pronombres, que coinciden con los

originales en griego:
> *De cierto os digo que todo lo que atéis en la tierra, será atado en el cielo; y todo lo que desatéis en la tierra, será desatado en el cielo. 19 Otra vez os digo, que si dos de vosotros se pusieren de acuerdo en la tierra acerca de cualquiera cosa que pidieren, les será hecho por mi Padre que está en los cielos. 20 Porque donde están dos o tres congregados en mi nombre, allí estoy yo en medio de ellos.*

Jesús indica claramente su voluntad de que oremos juntos en grupos. Las personas que realmente quieren ver renovación en sus vidas y avivamiento en su iglesia formarán grupos con los que orar. ¿Por qué no llamar a estos grupos "Grupos de Oración del Próximo Gran Despertar"? Haz que adorar y alabar a Jesús sea la primera orden del día. Ora para que Dios revele su Voluntad y ejerza su Reino en tu iglesia y en las otras iglesias de tu vecindario, pueblo, país, estado y país. Ora para que Dios derrame el Espíritu Santo sobre los líderes y sobre toda la iglesia. Ora para que las personas evidencien las señales de avivamiento:

- La presencia manifiesta de Dios con señales, prodigios, sanidades y milagros; Arrepentimiento;
- Pasión por la oración;
- Hambre de la Palabra;
- Una carga por los perdidos, (con nombres específicos mencionados);
- Aumento del número de nuevos

conversos;
- Deseo de compañerismo;
- Aumento del número de personas llamadas al ministerio de la oración y de la Palabra; Mayor generosidad a la obra de Dios;
- Reuniones más frecuentes del Cuerpo; y
- Favor con la comunidad que nos rodea.

Todos los demás preparativos para el avivamiento tienen un papel secundario. La oración es lo primero, y sin ella, desperdiciaremos el próximo Despertar y perderemos la oportunidad más grande en la historia de la Iglesia.

Vivir en arrepentimiento

Incluso mientras termino de escribir este capítulo, el gobernador de Tennessee ha firmado un proyecto de ley aprobado abrumadoramente en la legislatura estatal que declara 30 días de ayuno y oración para el mes de julio de 2024. La legislatura pidió a las iglesias que leyeran el proyecto de ley públicamente el 30 de junio, pidiendo a las personas que:

- Examinemos nuestras vidas a la luz de la Palabra de Dios y confesemos nuestros pecados,
- Reconozcamos que nosotros, como Iglesia, hemos fallado en defender los principios de Dios, pedir Su Perdón y Misericordia, y comprometernos a mantenernos firmes en esos principios en el futuro.

- Para aquellos que puedan, unámonos en oración y ayuno intermitente como un medio para demostrar nuestro deseo de arrepentimiento. [123]

El proyecto de ley reconoce abiertamente la crisis espiritual en Tennessee, declarando la necesidad de arrepentimiento, oración, misericordia y sanidad de la siguiente manera:

> UNA RESOLUCIÓN para buscar la mano sanadora y misericordiosa de Dios en Tennessee.
>
> CONSIDERANDO QUE, nuestro Estado y Nación sufren por la violencia cometida contra nuestros ciudadanos por nuestros ciudadanos; y
>
> CONSIDERANDO QUE, nuestro Estado y Nación sufren por la violencia cometida contra nuestros ciudadanos por no ciudadanos; y
>
> CONSIDERANDO QUE, los actos de delitos violentos en nuestras escuelas son inaceptables; y
>
> CONSIDERANDO QUE, la trata de personas es un mal inaceptable y violento en nuestro Estado, que esclaviza vidas y viola los valores fundamentales de nuestros derechos a la vida, la libertad y la búsqueda de la felicidad otorgados por el Creador; y
>
> CONSIDERANDO QUE, la adicción a las drogas abruma a nuestras familias,

nuestras finanzas gubernamentales, la productividad de nuestra fuerza laboral, así como nuestra atención médica y nuestros recursos para la aplicación de la ley; y

CONSIDERANDO QUE, el fentanilo mortal fluye incontrolablemente a través de nuestra frontera sur de los EE. UU., lo que resulta en la muerte de habitantes de Tennessee; y

CONSIDERANDO QUE, conducir bajo la influencia, conducir en estado de ebriedad, resulta en gran dolor y lesiones para las familias de Tennessee; y

CONSIDERANDO QUE, tenemos aproximadamente 9,000 niños que necesitan cuidado de crianza, lo que indica una ruptura en muchos hogares de Tennessee; y

CONSIDERANDO QUE, la evidencia de corrupción en nuestro gobierno federal puede afectar a todos los habitantes de Tennessee; y

CONSIDERANDO QUE, nuestros Fundadores Nacionales y Estatales confiaron en la mano omnipotente de la Providencia para guiar y bendecir nuestra tierra; y

CONSIDERANDO QUE, a lo largo de décadas, estos líderes llamaron a nuestro pueblo a buscar el favor del Creador mediante la emisión de proclamaciones como la de John Adams el 15 de abril de 1799:

[Este día] debe observarse en todos los Estados Unidos de América como un día de solemne humillación, ayuno y oración; que los ciudadanos en ese día se abstengan, en la medida de lo posible, de su ocupación secular, y dediquen el tiempo a los sagrados deberes de la religión, en público y en privado; que recuerden nuestras numerosas ofensas contra el Dios Altísimo, las confiesen ante Él con la más sincera penitencia, imploren su misericordia perdonadora, por medio del Gran Mediador y Redentor, por nuestras transgresiones pasadas, y que por la gracia de Su Espíritu Santo, estemos dispuestos y capacitados para rendir una obediencia más adecuada a sus justas requisiciones en el tiempo venidero; que intervendría para detener el progreso de esa impiedad y libertinaje en principio y práctica tan ofensiva para Él y tan ruinosa para la humanidad; que nos haría profundamente conscientes de que "la justicia enaltece a una nación, pero el pecado es oprobio a cualquier pueblo". [Proverbios 14:34]; y

POR CUANTO, sostenemos que nuestros Fundadores reconocieron correctamente la Verdad en sus palabras; y

POR CUANTO, sostenemos que "si el Señor no guardare la ciudad, en vano vela la guardia." (Salmo 127:1); Ahora, por lo tanto,

RESUÉLVASE POR LA CÁMARA DE REPRESENTANTES DE LA CENTÉSIMA DECIMOTERCERA ASAMBLEA GENERAL DEL ESTADO DE TENNESSEE, CON LA CONCURRENCIA DEL SENADO, que el período del 1 de julio de 2024 al 31 de julio de 2024 sea reconocido como un tiempo de oración y ayuno en Tennessee.

RESUÉLVASE, ADEMÁS, que reconocemos que Dios, como Creador y Rey de toda Gloria, tiene tanto la autoridad para juzgar como para bendecir a las naciones o estados.

RESUÉLVASE, ADEMÁS, que nosotros, como servidores públicos en la Asamblea General de Tennessee, busquemos la Misericordia de Dios sobre nuestra tierra y le supliquemos que no retire Su Mano de bendición de nosotros.

RESUÉLVASE, ADEMÁS, que reconozcamos nuestros pecados y defectos ante Él y humildemente le pidamos Perdón.

RESUÉLVASE, ADEMÁS, que le pidamos al Señor Jesús que sane nuestra tierra y elimine la violencia, la trata de personas, la adicción y la corrupción.

RESUÉLVASE, ADEMÁS, que pedimos que el Espíritu Santo llene nuestros salones de gobierno, nuestras aulas, nuestros lugares de trabajo, nuestras iglesias y nuestros

> hogares con paz, amor y gozo.
>
> RESUÉLVASE, ADEMÁS, que hacemos un llamado a todos aquellos que son físicamente capaces y espiritualmente inclinados a hacerlo para que se unan en una temporada de treinta días de oración y ayuno intermitente al comenzar un nuevo año fiscal como un medio para buscar la bendición de Dios y humillarnos para recibir Su Gracia y Misericordia, transformándonos a nosotros mismos, nuestras comunidades, nuestro Estado y nuestra Nación.[124]

Si bien un proyecto de ley de este tipo no carece de precedentes en la historia de Estados Unidos, su humildad y fe ofrecen un mensaje impactante en nuestro tiempo. Lejos de violar la "cláusula de establecimiento" de la Primera Enmienda de la Constitución de Estados Unidos, no favorece ninguna organización religiosa en particular y no obliga a ninguna actividad religiosa. La Iglesia y el Estado siguen estando debidamente separados, pero el Estado insta a las iglesias a hacer lo que puedan hacer adecuadamente para ayudar en lo que el gobierno no ha hecho.

Tal estímulo gubernamental a las iglesias aumentará en los años venideros, y así como la promoción de la fe que proporcionó Eisenhower contra la amenaza del comunismo resultó en un aumento en la asistencia a la iglesia, junto con el derramamiento del Espíritu Santo sobre las iglesias y sobre el evangelismo cristiano y la ministración de sanidad, tenemos buenas razones para esperar un avivamiento en la iglesia en los próximos años, si intervenimos para ayudar al gobierno y a la gente liderando en el arrepentimiento.

Recuerde de nuevo las palabras de 2 Crónicas 7:14 referenciadas en el proyecto de ley de Tennessee: *"si se humillare mi pueblo, sobre el cual mi nombre es invocado, y oraren, y buscaren mi rostro, y se convirtieren de sus malos caminos; entonces yo oiré desde los cielos, y perdonaré sus pecados, y sanaré su tierra"*. Recuerde la práctica del piadoso Daniel, quien se volvió al Señor Dios y le suplicó en oración y súplica, en ayuno, en cilicio y ceniza, "hablando y orando, y confesando [su] pecado y el pecado de [su] pueblo Israel, y derramaba [su] ruego delante de Jehová [su] Dios por el monte santo de [su] Dios (Daniel 9:3, 20). Cuando el pueblo de Dios toma la iniciativa, confesando primero sus propios pecados y reconociendo en segundo lugar los pecados de su pueblo, Dios nos sonreirá y nos escuchará, poderoso para salvar.

Ningún avivamiento vendrá sin oración y arrepentimiento, y ningún pecado más grande podría acumularse para nosotros que rechazar el llamado de nuestras autoridades gubernamentales para que oremos por ellos. Como dijo Samuel cuando el pueblo de Israel rechazó su liderazgo y pidió la unción de un rey: *"lejos sea de mí que peque yo contra Jehová cesando de rogar por vosotros; antes os instruiré en el camino bueno y recto"* (1 Samuel 12:23).

¡Ha llegado el momento de orar!

Tome la Biblia en serio

Una espantosa ignorancia de la Biblia plaga a la Iglesia de hoy. Para que los Milénicos y la Generación Z pastoreen el Sexto Gran Despertar de manera efectiva, tendrán que aumentar su conocimiento de las Sagradas Escrituras. Los niños de hoy se habrán convertido en adultos jóvenes para cuando el Despertar amanezca, y junto con las dos generaciones anteriores, sufrirán de una ignorancia verdaderamente lamentable si no los entusiasmamos con la Palabra de Dios en los próximos veinte años. A medida que predican y enseñan, competirán directamente con las lecturas de la Biblia por parte de la inteligencia artificial (IA). A menudo, la IA tendrá mayor conocimiento del texto que ellos, aunque a veces falle terriblemente en su interpretación, pero sin embargo con aparente autoridad.

Los predicadores de hoy y de mañana tendrán que "mejorar su juego", pero las buenas nuevas deberían animarnos: tenemos los mejores recursos disponibles para crear amor por la Palabra. El avance del conocimiento arqueológico y la comprensión del mundo bíblico que hemos adquirido en los últimos 50 años nos pone en una posición para entender y enseñar la Biblia mejor

EL SEXTO GRAN DESPERTAR

que nunca. Ninguna excusa nos absolverá de la falta de aprendizaje profundo acerca de la Biblia, así como no encontraremos sustituto para buscar a Dios para comunicar su mensaje y su poder real en la unción del Espíritu Santo.

Tomar la Biblia en serio significa acercarse a ella con nuestro intelecto, así como buscarla para extraer "trucos de vida". Eso significa que buscaremos en la Biblia una visión de la naturaleza de Dios (teología), así como una guía ética y moral. Hacer esas cosas bien requiere una lectura cuidadosa de la Biblia en su contexto antiguo, así como una consideración cuidadosa de su aplicación a nuestras realidades actuales. La mayoría de las personas nunca pasan de una lectura infantil de la Biblia. Si bien ese tipo de enfoque tiene su valor, y Jesús dice en Mateo 18:3 que los adultos deben tener una fe como la de un niño, nos equivocamos mucho
si no nos damos cuenta de la diferencia entre una comprensión infantil de las Escrituras y la "segunda ingenuidad" de valor agregado que los adultos fieles aportan a la Biblia.[125]

Entre la niñez y la edad adulta, todos pasan por la adolescencia. Durante esa época de la vida, como nos ha enseñado el psicólogo pionero Eric Erickson, pasamos por una etapa conocida como "individuación", en la que los jóvenes deben llegar a su propio sentido de identidad. Los adolescentes de hoy se enfrentan a las mismas tentaciones a las que siempre se han enfrentado los jóvenes: manejar la presión de los compañeros, encontrar amigos fieles, controlar sus impulsos sexuales y decidir qué trabajo perseguirán en la vida, pero se enfrentan a desafíos intelectuales relacionados con la fe en el contexto de la Era de la Información, en la que casi todo el aprendizaje producido en la historia del mundo está disponible para ellos en sus teléfonos inteligentes de bolsillo. Si el predicador dice algo que duda, puede verificarlo durante el sermón. El reciente movimiento conocido como "el nuevo ateísmo" ha llevado a cabo una campaña radical para inundar el Internet con argumentos contra el cristianismo. Los jóvenes pueden encontrar argumentos en contra de casi cualquier cosa que podamos proclamar como verdad en segundos.

Los predicadores y maestros de hoy no pueden salirse con la suya con el plagio, el pensamiento descuidado, los hechos inventados y la bloviación como lo hacían en el pasado. Cuando los adolescentes comprueban sus hechos y llegan a la conclusión de que carecen de fundamento para lo que proclamen con tanta confianza, la credibilidad del Evangelio comienza a erosionarse para ellos. Predicar o enseñar la Biblia de manera deficiente, sin una comprensión sólida de ella, puede convencer involuntariamente a los jóvenes de que la Biblia es moralmente incorrecta, anticuada, no científica o incluso cruel.

Los cristianos necesitan estudiar la Biblia

ahora más que nunca para presentarla bien a la próxima generación de niños y adolescentes, así como a los millones de cristianos de la Generación X, los Milénicos y la Generación Z que han rechazado la Biblia debido al mal manejo de la misma por parte de los ancianos cristianos. Al mismo tiempo, nunca hemos tenido más acceso a recursos excepcionales para el aprendizaje. Los jóvenes cristianos de hoy y la próxima generación preferirán obtener su enseñanza bíblica en línea, porque tienden a confiar más en los medios digitales que en las formas más "analógicas" de instrucción. Así como Internet proporciona una avalancha de información anticristiana, también cuenta con los mejores maestros de la Biblia en el mundo. Pero ahora solo podemos imaginar el impacto que tendrá la Inteligencia Artificial en la forma en que la próxima generación se involucra a través del software.

Cada año hay más y más podcasts disponibles que presentan a destacados maestros de la Biblia que comparten el conocimiento más reciente sin costo alguno. Me gusta escuchar el Podcast del Proyecto Bíblico (www.proyectobiblia.com) dirigido por Tim Mackie. En inglés, el Podcast Bema de Marty Solomon sobresale también. Me encanta el podcast "Ask N.T. Wright Anything", que presenta poderosas lecciones de discipulado del erudito del Nuevo Testamento más prominente del mundo, un obispo anglicano profundamente evangélico y lleno del Espíritu. Como se mencionó anteriormente, El Proyecto Biblia también ofrece instrucciones contundentes en video en YouTube y en su sitio web. Muchas personas que se preparan para el ministerio en estos días han optado por saltarse el estudio formal, en gran detrimento de la enseñanza bíblica en la Iglesia. Pero elegir no asistir a un colegio bíblico o seminario ya no significa necesariamente renunciar a un entendimiento sólido de la Biblia.

Ningún cristiano debería llevar a su familia a Washington DC sin visitar el Museo de la Biblia al menos una vez. En una ciudad llena de los mejores museos del mundo, el Museo de la Biblia ha reunido exhibiciones asombrosas, sofisticadas y fáciles de entender para enseñar a personas de todas las edades acerca de las Escrituras. Independientemente de las fascinantes exhibiciones que la Institución Smithsonian, la Galería Nacional o el Museo del Holocausto puedan ofrecer, y todos los estadounidenses deberían visitarlas al menos una vez, si no a menudo, una visita al Museo de la Biblia puede tener un impacto espiritual mayor y más duradero en los niños y adolescentes.

He tenido el privilegio de estudiar en algunas de las mejores instituciones académicas del mundo en una amplia variedad de campos, desde historia hasta psicología, sociología, política, idiomas extranjeros, economía, administración y otras materias, pero nada ha impactado más mi vida que el estudio académico de la Biblia. Todos los que estudian para el ministerio pastoral merecen la oportunidad de estudiar la Biblia, la teología y la historia de la Iglesia en un entorno académico formal. Por muy caros que parezcan la universidad y el seminario, el amateurismo en el púlpito puede exigir un precio más alto. Cada cristiano en los Estados Unidos necesita tomar en serio el estudio de la Biblia ahora en preparación para los avivamientos venideros y el Sexto Gran Despertar que nos dará la oportunidad de cambiar el mundo para Cristo.

Compartir el Evangelio con todos

Una de las cosas que aprendí como pastor es que la gente necesita una oportunidad para aceptar a Cristo. Hace muchos años descubrí que no importaba cuál fuera el tema de mi sermón, una invitación a recibir a Cristo era una conclusión perfecta para el servicio. En muchas ocasiones, las personas visitan una iglesia específicamente para tener la oportunidad de aceptar al Señor. Si no tienen esa oportunidad, pueden irse decepcionados, distraídos o descarrilados. Una batalla por su alma se libra en sus corazones y mentes, y necesitan tomar una decisión por Cristo y recibir instrucciones sobre qué hacer.

Hace años, cuando era estudiante universitario, tuve la oportunidad de escuchar al gran evangelista C.M. Ward predicar en una iglesia local en Springfield, Missouri. Ward se hizo famoso a nivel nacional por su predicación en el programa Revivaltime transmitido por la cadena de radio ABC de 1953 a 1978, pero yo nunca lo había escuchado antes.[126] Predicó un sermón bastante aburrido esa noche, y me sentí un poco decepcionado. Cuando hizo un llamado al altar, nadie se adelantó. Sin desanimarse, continuó llamando a la gente durante lo que pareció media hora. No cedía. Me dije a mí mismo: "Déjalo ir, hermano Ward. Nadie responderá esta noche". Pero siguió adelante. Finalmente, algo se desató y docenas de personas corrieron hacia el altar para recibir a Cristo como su Salvador.

Pensé en lo que había visto esa noche durante mucho tiempo, y llegué a la conclusión de que había entendido completamente mal lo que sucede cuando un ministro hace un llamado al altar. La gente lucha en sus mentes. ¿Debo seguir adelante? ¿Qué pasará? ¿Me avergonzarán? ¿Tengo tiempo? ¿Me esperarán las personas con las que vine aquí? ¿Debo hacerlos esperar? ¿Realmente quiero cambiar mi vida? Las preguntas siguen sin límite. La gente necesita que el predicador los persuada a tomar una decisión por Cristo. Lo mismo se aplica al contexto de la evangelización personal. Las personas necesitan ser persuadidos.

De ninguna manera suplicar a los pecadores viola su voluntad. ¡No tienen el control total de su voluntad! Sufren cautivos del pecado, bajo el poder del enemigo. Necesitan a alguien que les ayude a liberarse. Si bien un predicador nunca debe engañar a nadie para que acepte a Cristo, (ese territorio pertenece al diablo), cada evangelista debe prepararse para una batalla espiritual mientras intenta llevar a las personas a Cristo.

Los cristianos de hoy, incluyéndome a mí, no compartimos el Evangelio con tanto entusiasmo como lo hacíamos en la década de 1970. En aquellos días, vivíamos para tener la oportunidad de compartir nuestra fe en Jesús y hablar del estado del alma de cualquiera que nos escuchara. Podríamos decirnos a nosotros mismos ahora: "Bueno, si hubiera avivamiento en mi iglesia, más personas serían salvas". Pero, y si lo contrario es la verdad: ¿no surgirá ningún avivamiento hasta que la gente comience a ser salva?

Aparte de la presencia manifiesta de Dios, nada entusiasma más a una iglesia que los nuevos creyentes, con su testimonio de vidas transformadas y su experiencia de "primer amor" de Jesús. Si queremos ver un avivamiento, debemos comenzar a compartir nuestra fe más ampliamente, con cualquiera que nos escuche. Debemos invitar a la gente a conocer a Jesús personalmente. Debemos suplicar a aquellos a quienes vemos luchando con la culpa de sus pecados, a las personas en las que vemos que el Espíritu Santo obra para llevarlos a Jesús. En el peor de los casos, ganaremos experiencia que nos será útil durante los avivamientos venideros y el Sexto Gran Despertar. En el mejor de los casos, ¡veremos a la gente ser salva ahora!

Enfócate en la santidad radiante, no en las reglas

Cuando el verdadero avivamiento llega a una iglesia, la santidad estalla entre su gente. Las personas que han encontrado la santidad de Dios se arrepienten de sus pecados y comienzan a vivir una nueva vida. Desafortunadamente, con demasiada frecuencia han tratado de reducir la santidad a un conjunto de reglas que tratan de imponer a todos los demás. Nunca funciona. Como Pablo escribió a los Colosenses:

> *No manejes, ni gustes, ni aun toques (en conformidad a mandamientos y doctrinas de hombres), cosas que todas se destruyen con el uso? Tales cosas tienen a la verdad cierta reputación de sabiduría en culto voluntario, en humildad y en duro trato del cuerpo; pero no tienen valor alguno contra los apetitos de la carne* (Colosenses 2:21-23).

Nadie ha alcanzado la santidad guardando las reglas, pero un número incalculable de personas han sido alejadas de la fe en Cristo por personas que tratan de imponerles su código de santidad.

En lugar de simplemente vestir la santidad como una apariencia superficial, debemos buscar conocer a Jesús tan profundamente que el Espíritu Santo irradie desde lo más íntimo de nuestro ser. Jesús dijo: *"Si alguno tiene sed, venga a mí y beba. El que cree en mí, como dice la Escritura, de su interior correrán ríos de agua viva. Esto dijo del Espíritu que habían de recibir los que creyesen en él; pues aún no había venido el Espíritu Santo, porque Jesús no había sido aún glorificado"* (Juan 7:37-39). La santidad y su asombroso poder fluyen de nosotros cuando hemos bebido profundamente del Espíritu Santo a través de la comunión con Jesús. El fruto del Espíritu de Santidad: amor, gozo, paz, tolerancia, amabilidad, bondad, fidelidad, mansedumbre y dominio propio fluyen de nosotros con poder, y nuestro ego se pierde en nuestra fascinación por la persona de Jesús y Su presencia a través del Espíritu Santo. Las personas así influenciadas por el Espíritu vivirán la moralidad de las Escrituras, pero lo harán de manera diferente a las que simplemente siguen un rígido código moral.

En el libro de los Hechos, después de que Pedro y Juan sanaron al cojo en la puerta del templo llamada "Hermosa", los sumos sacerdotes Anás y Caifás, quienes tramaron la crucifixión de Jesús, "viendo el denuedo de Pedro y de Juan, y sabiendo que eran hombres sin letras y del vulgo, se maravillaban; y les reconocían que habían estado con Jesú" (Heschos 4:13). La conclusión de los sumos sacerdotes no surgió simplemente del tiempo que los apóstoles habían pasado con Jesús antes de la crucifixión. Si no hubieran continuado buscando a Jesús y caminando en la plenitud del Espíritu Santo, no se habrían presentado en la Puerta llamada Hermosa para sanar al hombre cojo. No habrían hablado con tanto denuedo y poder. El pasaje deja claro que los sumos sacerdotes tenían **miedo** de hacerles algo. Su asombro y temor a dos hombres ordinarios fluían directamente de la radiante santidad de sus vidas y acciones.

Con el fin de prepararse para los avivamientos que se avecinan y el Sexto Gran Despertar, los cristianos de hoy deben buscar la presencia de Jesús en cada oportunidad, llenándose continuamente del Espíritu de Santidad para caminar en amor, alegría, paz y poder radiante.

Enfoque en los jóvenes

Los cristianos más ancianos nunca han liderado en la primera línea del avivamiento en toda la historia de la iglesia. Sin embargo, es innegable que las personas mayores tienen un papel que desempeñar en una iglesia reavivada. Al igual que Simeón y Ana en el Templo en el momento de la dedicación de Cristo (Lucas 2:25-38), ¡saben cómo orar! Tienen sabiduría, experiencia, conocimiento y un largo historial de errores para guiarlos en el asesoramiento y empoderamiento de los líderes jóvenes. ¡Pero los jóvenes tienen energía! Por santa y madura que era la profetiza Ana que frecuentaba el Templo, Dios escogió a María para dar a luz al niño Jesús en lugar de a Ana por una razón! Los jóvenes tienen una fe nueva y un amor por Cristo. Entienden a su generación y deben convertirse en la vanguardia para alcanzarla.

EL SEXTO GRAN DESPERTAR

La popularidad del joven evangelista Billy Graham y su impacto a través de Juventud para Cristo tuvo un gran impacto en el evangelicalismo estadounidense después de la Segunda Guerra Mundial. Los cristianos evangélicos en Estados Unidos comenzaron a poner un gran énfasis en el ministerio juvenil durante los veinte años que precedieron al Movimiento de Jesús, y los jóvenes líderes que formaron entre 1945 y 1968 se convirtieron en los pastores que recibieron a los nuevos conversos más jóvenes que comenzaron a inundar sus iglesias en las décadas de 1970 y 1980. Lo mismo sucederá cuando llegue el Sexto Gran Despertar en la década de 2040. Los adolescentes y adultos jóvenes de la Generación Z de hoy que se conviertan en pastores y líderes de la iglesia durante los próximos veinte años de avivamiento serán mayordomos del próximo Despertar y veremos un crecimiento masivo de la fe cristiana, y con ello la salvación del Experimento Americano, o no lo harán.

El esfuerzo que dedicamos a discipular a la Generación Z ahora pagará enormes dividendos en el futuro. Las universidades, los Colegios Bíblicos y las iglesias que discipulan a los líderes jóvenes deben despertar ahora a la increíble oportunidad que tienen de dar forma al futuro a través de los jóvenes de hoy. Pero el discipulado es una calle de doble sentido. Para que podamos discipular a la Generación Z, y para que ellos discipulen a la próxima generación, debe surgir un hábito de aprendizaje mutuo. Como Earl Creps ha descrito poderosamente en *Mentoría inversa: Cómo los líderes jóvenes pueden transformar la iglesia y por qué debemos dejarlos,* tenemos que permitir que los jóvenes cristianos nos enseñen lo que no sabemos, así como nosotros les enseñamos lo que sabemos.[127]

Discipular a los jóvenes significa más que enseñarles a leer la Biblia y discipularlos en la oración, aunque estos elementos siguen siendo indispensables. El verdadero discipulado significa enseñar patrones de comportamiento, lo que exige pasar tiempo juntos involucrados en la obra de Dios. Mi padre me discipuló cuando era niño, llevándome con él en sus muchas labores por el Evangelio. Hicimos de todo, desde trabajar en las tareas de mantenimiento de la iglesia hasta preparar las actividades, repartir tratados evangelísticos, desde las visitas de puerta en puerta hasta ministrar en la cárcel local.

Mi madre se aseguró de que tuviera la oportunidad de cantar solos en la iglesia desde los cinco o seis años y pagó clases de música para asegurarse de que pudiera tocar instrumentos en la iglesia. Ella me enseñó a hacer títeres para el ministerio de niños y luego a escribir guiones y presentar los shows de títeres. Ella me involucró para ayudarla a enseñar a otros niños. A lo largo de mi adolescencia, ella sirvió como enfermera todos los veranos durante semanas en el Campamento Juvenil estatal de nuestra denominación, llevándome y asegurándose de que escuchara incontables horas de exposición de los mejores y más inspiradores ministros juveniles de la nación.

Otros adultos de la Iglesia se aseguraron de que adquiriera experiencia enseñando a niños más pequeños en la Escuela Dominical y dirigiendo a otros jóvenes en el Ministerio de Jóvenes, dándome la oportunidad de cantar en coros y dirigir los servicios de adultos en la adoración, en grupos y por mí mismo. Otros miembros de la iglesia me invitaban a cortar el césped y pasaban tiempo hablando conmigo. Una de las experiencias más impactantes que tuve cuando era adolescente fue pasar un sábado con mi pastor, el difunto Bobby Lowery, mientras limpiábamos la iglesia en preparación para los servicios dominicales. Me llevó a comer una hamburguesa a la hora del almuerzo y pasó tiempo hablando conmigo sobre mi vida y mi futuro, y tuvo un impacto en mis sueños de seguir su ejemplo en el ministerio que nunca se desvanecieron.

La iglesia de hoy ha aprendido por las malas, y de una manera que las iglesias de mi juventud tristemente no se concientizaron, que debemos tener verificaciones de antecedentes y barandillas para proteger a los niños de los depredadores en la iglesia. Pero cometeremos un gran error si cortamos toda oportunidad para que los cristianos mayores dediquen tiempo a discipular a los más jóvenes. No todos los jóvenes cristianos de hoy en día, y mucho menos que en mis días, tienen dos padres profundamente comprometidos con su discipulado, e incluso en ese caso, la influencia de otros cristianos sigue siendo muy importante.

Los cristianos deben dedicar tiempo a discipular a la próxima generación, pero también deben invertir dinero. Ningún joven que Dios haya llamado al ministerio de la Iglesia y que haya sido aprobado por su congregación como candidato para el ministerio debería tener que renunciar a la educación formal debido a la falta de fondos. Invertir en la formación de la próxima generación de ministros sigue siendo una responsabilidad crucial de los cristianos, y los miembros de las iglesias deben expresar una generosidad significativa para ayudar a los jóvenes a los que han llegado a amar y admirar.

Los fundadores del primer Colegio Bíblico de los Estados Unidos, ahora la Universidad de Harvard, entendieron esa verdad cuando explicaron en 1636 que habían fundado el colegio, "temiendo dejar un ministerio ignorante a las iglesias, **cuando** nuestros ministros actuales yacerán en el polvo". Por esa razón, personalmente doté una beca universitaria permanente en honor a mi padre, el difunto James Jackson Castleberry, para asegurar que los ministros jóvenes en entrenamiento reciban ayuda financiera hasta que Jesús venga.

Enfócate primero en la renovación, no en el

avivamiento

Este libro ha ofrecido definiciones específicas para los términos renovación, avivamiento y despertar, centrándose en las expresiones personales, comunitarias y sociales de la obra refrescante de Dios. Mientras nos preparamos para el Sexto Gran Despertar, nuestra preocupación debe centrarse primero en la dimensión personal. Un antiguo himno declaraba: "Que haya paz en la tierra, y que comience por mí". El avivamiento siempre comenzará después de que las personas hayan hecho un pacto con Dios y hayan buscado a Dios personalmente. Cuando esa renovación se comparte en comunidad y la presencia de Dios irrumpe en comunidad, ocurre el avivamiento. Cuando un despertar presenta una oportunidad y un avivamiento renueva las condiciones de la Iglesia primitiva en una comunidad, pueden ocurrir cambios importantes en la fe a nivel social.

Pero siempre comienza con individuos que se ponen en el lugar correcto con Dios.
Noé encontró gracia y salvó a la raza humana. Abraham creyó en Dios, y su familia logró bendecir a todas las familias de la tierra. Samuel escuchó a Dios y llevó a Israel a la victoria. David buscó construir el Templo del Señor, y el Señor le construyó una casa, una dinastía eterna. Ester dio un paso al frente cuando llegó el momento adecuado, y su pueblo se salvó de la destrucción. Jesús se sometió al bautismo, y desde ese momento

el Espíritu de Dios vino sobre él con poder, y lanzó el ministerio que lo llevaría a la Cruz, donde salvaría al mundo entero. ¿Qué hará Dios si lo sigues con todo tu corazón? Comienza el enfoque allí.

Enfócate en el avivamiento, no en el despertar

Finalmente, mientras nos preparamos para el Sexto Gran Despertar, enfóquense en la comunidad que los rodea, no en la sociedad. Un Despertar ocurrirá cuando las fuerzas sociales lo produzcan. Eso sigue siendo inexorable, y sucederá cuando suceda. ¿Nos habremos preparado a nosotros mismos y a nuestras iglesias para aprovecharlo al máximo? A lo largo del camino, el consejo de Pablo sigue siendo relevante:

Oren también por nosotros, para que Dios nos dé muchas oportunidades para hablar de su misterioso plan acerca de Cristo. Por eso estoy aquí en cadenas. Oren para que pueda proclamar ese mensaje con la claridad que debo hacerlo. Vivan sabiamente entre los que no creen en Cristo y **aprovechen al máximo cada oportunidad.** *Que sus conversaciones sean cordiales y agradables, a fin de que ustedes tengan la respuesta adecuada para cada persona. (Colosenses 4:3-6, Nueva Traducción Viviente).*

Cuando Pablo dice: *"Aprovecha al máximo cada oportunidad,"* tiene un tipo específico de oportunidad en mente. En verdad, no podemos aprovechar al máximo *cada* oportunidad. El concepto de costo de oportunidad reconoce que aprovechar una oportunidad significa necesariamente renunciar a otras oportunidades. Nuestro tiempo y atención tienen límites. La frase griega traducida aquí como *"Aprovecha al máximo cada oportunidad"* (*ton kairon exagorazomenoi*) contiene dos conceptos económicos importantes. La primera palabra, *kairós*, significa "oportunidad" o "un momento oportuno". Reconoce inherentemente que no todos los tiempos o momentos tienen el mismo valor. Algunos momentos ofrecen mayores posibilidades que otros.

Al tratar con personas fuera de la fe, específicamente al tratar con sus necesidades espirituales, algunos momentos se presentan como preñados de la oportunidad de llevar a una persona o a un grupo al Reino de Dios. Cuando vemos esos momentos, ¡tenemos que actuar! El otro concepto, traducido como "aprovechar al máximo", proviene del verbo griego *exagorazo*. La palabra griega *ágora* significa "mercado". La preposición *ex* significa "fuera de". Cuando esas dos palabras se combinan en un verbo, literalmente significa "sacar del mercado". En otras palabras, "comprar". Pero la palabra *exagorazo* sugiere una compra agresiva, como en la frase "acaparar el mercado" o "comprarlo todo por completo". Cuando vemos un momento de oportunidad con alguien fuera de la fe, un momento para guiarlo a Cristo o para orar por su sanidad o para servirlo de una manera que lo acerque más a Jesús, debemos dedicarnos totalmente al esfuerzo.

En una de las parábolas de Jesús, usa una palabra similar: *"También el reino de los cielos es semejante a un mercader que busca buenas perlas, que habiendo hallado una perla preciosa, fue y vendió todo lo que tenía, y la compró"* (Mateo 13:45-46). Conocida como la Perla de Gran Precio, esta parábola se refiere al otro lado de la ecuación evangelística. Cuando alguien percibe el valor del Reino de Dios, debe venderse por completo y "comprar" el Reino. La palabra para "comprar" en este pasaje es *agorazo*—una versión más simple de *exagorazo*. Pero los dos verbos tienen el mismo significado en los dos pasajes. Así como esperamos que los incrédulos "vendan todo lo que tienen" para "comprar" el Evangelio del Reino, nosotros como cristianos debemos "comprar" agresivamente cada vez que veamos una oportunidad de compartir el Evangelio.

Aprovechar al máximo el Sexto Gran Despertar y su penumbra de renacimiento en los próximos veinte años nos costará todo. Aunque la gracia viene a nosotros gratuitamente y la salvación no nos cuesta nada, nos cuesta todo participar plenamente en la obra del Reino de Dios. Nunca ha llegado un momento mejor que ahora para vendernos por completo y dedicarnos a la maximización de los años venideros, ganándonos a un alma a la vez hasta que llegue el diluvio durante los años dorados de los Milénicos, la flor de la vida de la Generación Z, y la edad adulta joven de la próxima generación que aún no ha nacido.

UNA ORACIÓN PARA EL AVIVAMIENTO

"*Oh Dios, con nuestros oídos hemos oído, nuestros padres nos han contado, La obra que hiciste en sus días, en los tiempos antiguos*" (Salmo 44:1). "Oh Jehová, he oído tu palabra, y temí. Oh Jehová, aviva tu obra en medio de los tiempos, En medio de los tiempos hazla conocer; En la ira acuérdate de la misericordia" (Habacuc 3:2). ¡Oh Señor, escucha nuestro clamor! Aviva tu iglesia de nuevo. Hemos fallado en orar. Hemos descuidado tu Palabra. Hemos dejado de reunirnos a menudo para adorar y tener compañerismo. No hemos llorado por las personas perdidas que nos rodean. Hemos tolerado el avance del mal y la inmoralidad y el deterioro de nuestra cultura y nuestra nación. Hemos buscado comodidad, entretenimiento y ocio, y hemos descartado la ética de trabajo piadoso de nuestros padres y abuelos. Hemos señalado con el dedo a los demás

EL SEXTO GRAN DESPERTAR

mientras negamos nuestras propias faltas. Somos totalmente indignos de tu bendición.

Sin embargo, hemos oído lo que hiciste por otros en su tiempo. El fracaso humano es viejo, pero tu gracia y misericordia son más antiguas y siempre han venido a salvar el día. ¡Levántate, Señor!
¡Derrama tu Espíritu Santo sobre estos huesos secos! ¡Conviértenos de nuevo!

Ten piedad de [nosotros], oh Dios, conforme a tu misericordia; Conforme a la multitud de tus piedades borra [nuestras] rebeliones. Láva[nos] más y más de [nuestra] maldad, y límpia[nos] de [nuestro] pecado. Porque [reconocemos nuestras] rebeliones, y [nuestro] pecado está siempre delante de [nosotros]. Contra ti, contra ti solo [hemos] pecado, y [hemos] hecho lo malo delante de tus ojos; Para que seas reconocido justo en tu palabra, y tenido por puro en tu juicio. He aquí, en maldad [hemos] sido [formados], y en pecado [nos concibieron nuestras madres]. He aquí, tú amas la verdad en lo íntimo, y en lo secreto [nos] has hecho comprender sabiduría. Puríficа[nos] con hisopo, y [seremos limpios]; Láva[nos], y ser[emos más blancos] que la nieve. Haz[nos] oír gozo y alegría, y se recrearán los huesos que has abatido. Esconde tu rostro de [nuestros] pecados, y borra todas [nuestras] maldades. Crea en [nosotros], oh Dios, un corazón limpio, y renueva un espíritu recto dentro de [nosotros]. No [nos] eches de delante de ti, y no quites de [nosotros] tu santo Espíritu. Vuélve[nos] el gozo de tu salvación, y espíritu noble [nos] sustente. Entonces [enseñaremos] los transgresores tus caminos, y los pecadores se convertirán a ti . . . Señor, abre [nuestros] labios, y [publicarán nuestras bocas] tu alabanza. Porque no quieres sacrificio, que lo [daríamos]; No quieres holocausto. Los sacrificios de Dios son el espíritu quebrantado; Al corazón contrito y humillado no despreciarás tú, oh Dios. (Salmo 51:1-17).

APÉNDICE CICLOS GENERACIONALES EN LA HISTORIA DE JUDÁ

Mi interpretación de los ciclos generacionales en la historia de los reyes de Judá, tal como se relata en la Biblia, sugiere el siguiente bosquejo:

Ciclos generacionales en el Historia del Reino de Israel/Judá				
Genera	Años	Rey(es)	Ciclo	Eventos

ción				
1	1050-1010 a.C.	Saúl	Cumbre	Victoria militar y avance económico
2	1010-970	David	Despertar	El Arca traída a Jerusalén, los Salmos de David escritos, el Templo planeado
3	970-930	Salomón	Desenredo	Templo terminado, decadencia espiritual, idolatría
4	931-913	Roboam	Crisis	Guerra y secesión del Reino del Norte
5	911-870	Abiam	Cumbre	Alianza con Aram, victoria sobre Israel, construcción de ciudades
6	870-848	Josafat	Despertar	El rey piadoso conduce al ejército a

				la batalla con los adoradores a la cabeza
7	848-835	Joram, Ocozías, Atalía	Desenredo	Reyes malvados, asesinatos, usurpación de Atalía,
8	835-796	Joás	Crisis	Derrota, pérdida de los objetos sagrados del Templo
9	796-767	Amasías	Cumbre	Victoria militar sobre Edom por la obediencia a Dios
10	767-748	Azarías (Uzías)	Despertar	El rey justo busca a Dios, se vuelve poderoso, pero termina reinando en la arrogancia religiosa y la lepra, comenzando el siguiente ciclo

11	748-732	Jotam	Desenredo	Prosperidad relativa bajo un rey piadoso, pero la gente "continuó con sus prácticas corruptas"
12	732-716	Acaz	Crisis	Rey malvado, sacrifica a su hijo en el fuego, derrota militar, idolatría
13	716-687	Ezequías	Cumbre y Despertar	Rebelión exitosa contra Asiria, recopilan las Escrituras
14	687-642	Manasés	Desenredo	Vuelven la idolatría y la atrocidad, comienza la crisis
15	642-640	Amon	Crisis	Un reinado corto conduce a un rey de 8 años, Josías

| 1 6 | 640-608 | Josías | Cumbre/ Despertar | Libro de la Ley encontrado, reforma religiosa |

Estos posibles ciclos de la sociedad en Judá parecen seguir el orden predicho por la Teoría Generacional. Los reinados no siguen perfectamente los períodos de tiempo de los ciclos generacionales, ya que los reyes pueden servir durante cuarenta años o más, y la Biblia no informa todo lo que sucedió en Judá durante los reinados y las sucesiones generacionales. Parecería que los ciclos corrieron muy rápido después de Josías y sufrieron una interrupción significativa y un eventual cese, ya que los regulares ciclos generacionales no son automáticos cuando una sociedad entra en su fase final.

Tal análisis puede parecer una selección de hechos para encajar en el lecho de Procusto de la teoría, pero si los lectores no ven una "repetición" de los ciclos, al menos pueden escuchar una "rima" de ellos.[128] Al final de los 400 años considerados, la historia de Judá había seguido su curso, cayendo bajo el dominio de grandes imperios y otras fuerzas civilizatorias que pusieron fin a la regularidad de los ciclos generacionales.

SOBRE EL AUTOR

Joseph Castleberry es el sexto presidente de la Universidad Northwest, una universidad cristiana en Kirkland, Washington. Autor de varios libros, predica con frecuencia en iglesias y conferencias de todo el mundo, especialmente sobre el tema del Espíritu Santo. También habla y escribe en los medios de comunicación sobre temas morales, espirituales y sociales. Antes de llegar a la Universidad Northwest en 2007, se desempeñó como Decano Académico del Seminario Teológico de las Asambleas de Dios en Springfield, Missouri y como misionero en América Latina, donde plantó iglesias y sirvió en el desarrollo comunitario, la capacitación ministerial y la educación teológica durante un período de veinte años.

Graduado de la Universidad Evangel, también completó la Maestría en Divinidad del Seminario Teológico de Princeton y un

Doctorado en Educación en Desarrollo Educativo Internacional de la Universidad de Columbia en 1999.

El Dr. Castleberry y su esposa Kathleen tiene tres hijas: Jessica (con su esposo Nathan Austin), Jodie (casada con Roberto Valdez) y Sophie (casada con Andrew Bender), además de siete nietos y contando.

Se anima a los lectores a ponerse en contacto con el Dr. Castleberry en joseph.castleberry@icloud.com.

Agradecimientos

Como dijo Marco Tulio Cicerón: *"Multas Amicitias silentium diremit"*. (El silencio ha destruido muchas amistades). Así que no quiero dejar de dar crédito a los muchos amigos que me ayudaron a llevar este libro a la imprenta. Debo agradecer especialmente al Dr. Raúl Sánchez, quien me motivó a escribir este libro en mayo de 2024 al invitarme a hablar en español en el Hotel Parc 55 Hilton en San Francisco, California al Retiro de Ministros de la Red de Ministerios del Pacífico Central sobre el tema del ministerio generacional. La entusiasta acogida por parte de los pastores de las ideas desarrolladas aquí me inspiró a escribir, y el primer borrador surgió solo un mes después, que rápidamente se convirtió también en la versión en castellano del libro.

Un lector informado puede darse cuenta, sólo por el título del libro, de lo mucho que les debo al difunto William Strauss y a Neil Howe, sin cuya brillante, creativa y audaz teoría de la historia el libro no podría haber salido a la luz. He interpretado su teoría y he hecho un uso liberal de ella, trabajando principalmente de memoria e interpretación a medida que la ajustaba y la empleaba para que se ajustara a mis propios propósitos. En lo que difiere de su propio trabajo, probablemente tenían razón.

Gracias a Edgardo Montano, mi maestro y editor por 35 años que leyó la traducción al castellano y ofreció correcciones de valor. Reconozco la contribución de Eliezer Oyola, mi primer y más importante profesor de español que cuidadosamente editó el manuscrito y hizo importantes correcciones. También agradezco a los amigos latinos que toleraron mis primeras 10.000 horas de práctica en el idioma. También agradezco a Steve Bostrom, Dr. Joshua Ziefle, Kathleen Castleberry, Sarah Drivdahl, Amanda Staggenborg, Ben Sigman y otros primeros lectores que hicieron comentarios y ediciones útiles para mejorar la legibilidad y el argumento del libro. El Dr. Ziefle, un historiador eclesiástico profesional que realiza un trabajo académico mucho más meticuloso y cuidadoso en sus propios escritos, toleró amablemente mi análisis de la historia al servicio de la predicción del futuro, y no merece ninguna culpa por ello. Jim Edwards, mi profesor en la Universidad Evangel hace unos cuarenta años, dejó una impresión indeleble en mi forma de escribir, al igual que los editores Liz Heaney y Steve Halliday, que trabajaron conmigo en libros anteriores.

Como siempre, doy gracias a Ted Terry, que siempre me ha brindado grandes consejos sobre los mejores lugares para publicar mis libros. Gracias también a Kindle Direct Publishing, por hacer que sea tan fácil publicar este libro y ponerlo rápidament a disposición en formatos impreso y digital.

En el aspecto espiritual, estoy agradecido

a mis padres, quienes me criaron en el cuidado y la admonición del Señor, y a mis pastores a través de los años, quienes me han enseñado la fe y me han inspirado a servir al Señor: Clifton Carney, Bobby Lowery, Robert McConnell, Kenneth Rodli, Herschel Hicks, Galen Hertwick, Jesse y Kay Owens, Paul Tedesco, John Lindell, Darrell Elliott, Brandon y Di Beals, y Pete Hartwig.

Mi familia, mencionada anteriormente, me hace feliz, cuyo amor y apoyo contribuyen inconmensurablemente a mi motivación para escribir.

Finalmente, gracias a la Junta Directiva y al personal de la Universidad Northwest en Kirkland, Washington, por el privilegio de servirles como presidente durante los últimos 17 años y por la tolerancia liberal y el fiel apoyo a mi hábito de escribir. ¡Qué diferencia han hecho todos ellos en mi vida!

19 Julio 2024
Kirkland, Washington

---

[1] J. Edwin Orr, Prayer and Revival. Disponible: https://jedwinorr.com/resources/articles/prayandrevival.pdf.

[2] Aaron Earls, Most Teenagers Drop Out of Church When They Become Young Adults, *Lifeway Research*, 15 enero 2019. Disponible: https://research.lifeway.com/2019/01/15/most-teenagers-drop-out-of-church-as-young-adults/.

[3] Aaron Earls, Most Teenagers Drop Out of Church When They Become Young Adults, *Lifeway Research*, 15 enero2019. Disponible: https://research.lifeway.com/2019/01/15/most-teenagers-drop-out-of-church-as-young-adults/.

[4] Daniel A. Cox, Generation Z and the Future of Faith in America, *Survey Center on American Life*, 24 March 2022, Disponible: https://www.americansurveycenter.org/research/generation-z-future-of-faith/.

[5] Pew Research Center, "Nones" on the Rise, *Pewresearch.org*, 9 Octubre 2012. Disponible: https://www.pewresearch.org/religion/2012/10/09/nones-on-the-rise/#:~:text=The%20growth%20in%20the%20number%20of%20religiously%20unaffiliated,just%20one-in-ten%20who%20are%2065%20and%20older%20%289%25%29.

[6] Pew Research Center, Religious 'Nones' in America: Who They Are and What They Believe: *A closer look at how atheists, agnostics and those who describe their religion as 'nothing in particular' see God, religion, morality, science and more*, Pewresearch.org, 24 enero 2024. Disponible: https://www.pewresearch.org/religion/2024/01/24/religious-nones-in-america-who-they-are-and-what-they-believe/.

[7] Jason DeRose, Religious 'Nones' are now the largest single group in the U.S. *All Things Considered, 24 enero, 2024. Disponible:* https://www.npr.org/2024/01/24/1226371734/religious-nones-are-now-the-largest-single-group-in-the-u-s#:~:text=A%20new%20study%20from%20Pew%20Research%20finds%20that,adults%20than%20Catholics%20%2823%25%29%20or%20evangelical%20Protestants%20%2824%25%29.

[8] Pew Research Group, How the Pandemic Has Affected Attendance at U.S. Religious Services: *Stable share of Americans have been participating in some way – either*

virtually or in person – during the pandemic, but in-person attendance is slightly lower than it was before COVID-19. Pewresearch.org, 28 Marzo 2023. Disponible: https://www.pewresearch.org/religion/2023/03/28/how-the-pandemic-has-affected-attendance-at-u-s-religious-services/.

[9] Jeffrey M. Jones, Church Attendance Has Declined in Most U.S. Religious Groups: Three in 10 U.S. adults attend religious services regularly, led by Mormons at 67%. Gallup.com, 25 Marzo 2024. Disponible: https://news.gallup.com/poll/642548/church-attendance-declined-religious-groups.aspx.

[10] Billy Hallowell, Dire Projections for Christianity in America Over the Next 50 Yeats Could Have 'Far-Reaching Consequences For Politics, Family Life, and Civil Society', *Faithwire*, 14 septiembre 2022. Disponible: https://www.faithwire.com/2022/09/14/dire-projections-for-christianity-in-america-over-the-next-50-years-could-have-far-reaching-consequences-for-politics-family-life-and-civil-society/.

[11] Aaron Earls, If the Rise of the Nones is Over, What's Next? Lifeway Research, 3 junio 2024. Disponible: htttps://research.lifeway.com/2024/06/03/if-the-rise-of-the-nones-is-over-whats-next/.

[12] Meagan Saliashvili, Jordan Peterson wrestles with God, *Religious News Service*, 15 febrero 2024. Disponible:https://religionnews.com/2024/02/15/jordan-peterson-wrestles-with-god/.

[13] David Brooks, The Jordan Peterson Moment, New York Times, 25 enero 2018. Disponible: https://www.nytimes.com/2018/01/25/opinion/jordan-peterson-moment.html.

[14] Olivia Cavallaro, Jordan Peterson's Daughter Mikhaila Comes To Faith In God, Christianity Daily, 26 Octubre 2021. Disponible: https://www.christianitydaily.com/news/jordan-peterson-s-daughter-mikhaila-comes-to-faith-in-god.html. Heather Tomlinson, Mikhaila Peterson: from psychedelics to faith, *Woman Alive*, 2 Noviembre 2022. Disponible: https://www.womanalive.co.uk/

mikhaila-peterson-from-psychedelics-to-faith/14181.article.

[15] Brandon Showalter, Jordan Peterson talks of Jesus, the Gospel, leading Christian fans to speculate about his faith journey, The Christian Post, Wednesday, 10 Marzo 2021. Disponible: https://www.christianpost.com/news/jordan-peterson-talks-of-jesus-leading-christian-fans-to-pray-for-his-faith-journey.html.

[16] Tom Holland, I Began to Realise That Actually, In Almost Every Way, I am Christian, Unbelievable? 28 Octubre 2020. Disponible: https://www.patheos.com/blogs/unbelievable/2020/09/tom-holland-i-began-to-realise-that-actually-in-almost-every-way-i-am-christian/.

[17] Richard Clements, Evangelizing "Lapsed Atheists," Word on Fire, 23 Agosto 2023. Disponible: https://www.wordonfire.org/articles/evangelizing-lapsed-atheists/.

[18] Hope Bolinger, What Is Christian Atheism? Christianity.com, 3 Noviembre 2022. Disponible: https://www.christianity.com/wiki/christian-terms/what-is-christian-atheism.html.

[19] Andrew "Drew" McCoy, The 5th Horseman of Atheism is Christian Now (and I don't care), *Genetically Modified Skeptic*, Youtube.com, Diciembre 2023. Disponible: https://www.youtube.com/watch?v=Kmx1pE2rvKU.

[20] Ayaan Hirsi Ali, Richard Dawkins vs. Ayaan Hirsi Ali: The God Debate. *UnHerd Podcast*, 3 Junio 2024. Disponible: https://unherd.com/watch-listen/the-god-debate/.

[21] Katy Perry: my religious parents think Russell Brand is having spiritual awakening, *The Standard*, 11 Abril 2012, Disponible: https://www.standard.co.uk/showbiz/katy-perry-my-religious-parents-think-russell-brand-is-having-spiritual-awakening-6510809.html.

[22] Para más informes sobre esta tendencia, véase Justin Brierley, A Christian revival is under way in Britain, *The Spectator*, 30 Marzo 2024. Disponible: https://www.spectator.co.uk/article/a-christian-

revival-is-under-way-in-britain/.

[23] El historiador Jonathan Butler describió el término "Primer Gran Despertar" como "una ficción interpretativa", argumentando que "la etiqueta "El Primer Gran Despertar" distorsiona el alcance, la naturaleza y la cohesión de los avivamientos que existieron en las colonias del siglo XVIII, alienta afirmaciones injustificadas sobre sus efectos en la sociedad colonial y exagera su influencia en el advenimiento y el carácter de la Revolución Americana. Jonathan Butler, "Enthusiasm Described and Decried: The Great Awakening as Interpretive Fiction," *Journal of American History 69:2* (Septiembre 1982). Disponible: https://www.jstor.org/stable/1893821?refreqid=excelsior%3Ada9832e58877561f55cefcf4e3354f62.

[24] El desacuerdo sobre cuándo han ocurrido determinadas estaciones pone de manifiesto la subjetividad implicada en la asignación de tales interpretaciones a la historia.

[25] Este libro acepta la definición de despertar ofrecida por William Strauss y Neil Howe en *Generations: The History of America's Future*: 1584 to 2069, William Morrow & Company, 1991. Para otra mirada interesante a los despertares desde el *punto de vista de un economista ganador del Premio Nobel, véase Robert William Fogel, The Fourth Great Awakening & the Future of Egalitarianism*, University of Chicago Press, 2000

[26] Ted Sorensen, *Counselor: A Life At The Edge Of History*, Easton Press, 2008.

[27] Joseph Bottum, *An Anxious Age: The Post-Protestant Ethic and the Spirit of America*, Image, 2014; Sean Collins, Wokeness: old religion in a new bottle: Joseph Bottum on how the decline of Protestant America fueled the rise of identity politics, *Spiked*, 14 agosto, 2020. Disponible: https://www.spiked-online.com/2020/08/14/wokeness-old-religion-in-new-bottle/; Daniel J. Mahoney, The Idol of Our Age: How the Religion of Humanity Subverts Christianity, Encounter Books, 2018; Joshua Mitchell, *American Awakening: Identity Politics and Other Afflictions of Our Time*, Encounter Books, 2020; Joshua Mitchell, A Godless Great Awakening, First Things, 2 julio 2020. Disponible: https://www.firstthings.com/web-exclusives/2020/07/a-godless-

great-awakening; Mike Sabo, The Great Awokening: Identity Politics versus Christianity, RealClear Religion, 12 abril 2021. Disponible: https://www.realclearreligion.org/articles/2021/04/12/the_great_awokening_identity_politics_versus_christianity_772348.html#!; David Rozado, Where did the Great Awokening Come From? UnHerd, 8 septiembre 2020. Disponible: https://unherd.com/newsroom/where-did-the-great-awokening-come-from/; Jennifer Graham, America's 'Great Awokening,' explained: Before you use the word 'woke,' learn how its meaning has changed in the past few years, *Deseret News*, 23 marzo 2021. Disponible: https://www.deseret.com/indepth/2021/3/23/22332164/americas-great-awokening-explained-woke-social-justice-racial-justice/; Eric Kaufmann, The Great Awokening and the Second American Revolution, *Quillette*, 22 junio 2020. Disponible: https://quillette.com/2020/06/22/toward-a-new-cultural-nationalism/.

[28] Matthew Yglesias, The Great Awokening: A hidden shift is revolutionizing American racial politics—and could transform the future of the Democratic Party. *Vox*, April 1, 2019. Disponible: https://www.vox.com/2019/3/22/18259865/great-awokening-white-liberals-race-polling-trump-2020.

[29] Jonathan Chait, The Great Awokening is Over, But Trump Might Revive It: Conservatives are still angry at 2020, don't understand Biden wasn't president then. *The Intelligencer, New York Magazine*, 26 junio 2024. Disponible: Disponible: https://nymag.com/intelligencer/article/donald-trump-joe-biden-great-awokening-george-floyd.html.

[30] El desacuerdo sobre cuándo han ocurrido determinadas estaciones pone de manifiesto la subjetividad inherente a la asignación de tales interpretaciones a la historia. La interpretación histórica es inherentemente subjetiva, y resuena con otros observadores o no. Los fenómenos sociales de todo tipo están sujetos a la interpretación individual. Mi lectura de la historia en este caso está ligada a mi mayor énfasis en la experiencia del cristianismo estadounidense,

[31] Neil Howe, *The Fourth Turning Is Here: What the Seasons of History Tell Us About How and When This Crisis Will End*, 2023. Disponible: https://a.co/eoYw9xy.

[32] Charles Snyder, D.L. Moody and the genesis of the Student Volunteer Movement, *D.L. Moody. Center,* 29 mayo 2020. Disponible: https://moodycenter.org/articles/d-l-moody-and-the-genesis-of-the-student-volunteer-movement/. Las estimaciones de cuántos misioneros produjo el movimiento varían enormemente, de 8.000 a 40.000.

[33] Los lectores que quieran explorar la historia de la iglesia estadounidense con mayor detalle deben explorar el excelente volumen de Mark Noll, *A History of Christianity in the United States and Canada,* Eerdmans, 2019. El alcance de este libro no ha permitido una inmersión profunda en períodos anteriores de Despertar y avivamientos. Aquellos que quieran enfocarse en el papel de la juventud en la historia del avivamiento se deleitarán con J. Edwin Orr, *Campus Aflame: Dynamic of Student Religious Revolution,* International Awakening Press, 1971, que narra el papel de los estudiantes universitarios en el avivamiento a lo largo de la historia.

[34] Andrew L Yarrow, *Look: How a Highly Influential Magazine Helped Define Mid-Twentieth-Century America.* Potomac Books, 2021.

[35] En física, la teoría del Big Bang postula un comienzo definitivo del tiempo, pero la física no puede determinar en última instancia si el universo terminará o se reciclará con una contracción y una nueva explosión.

[36] A. N. Mouravieff, *The Christian Remembrancer,* Vol. 10, "A History of the Church in Russia." London, James Burn Publishers, 1845, 265.

[37] C. Marx y F. Engels, *Obras escogidas en tres tomos,* Editorial Progreso, Moscú 1981, Tomo I, páginas 404 a 498. Disponible: https://www.marxists.org/espanol/m-e/1850s/brumaire/brum1.htm.

[38] Neil Howe, *The Fourth Turning is Here: What the Seasons of History Tell Us About How and When This Crisis Will End,* Simon & Schuster, 2023.

[39] William Strauss y Neil Howe, *Generations: The History of America's Future, 1584 to 2069*, Quill, 1991.

[40] Mark Noll, A History of Christianity in the United States and Canada, Eerdmans, 1992, 167.

[41] Pew Research Center, Global Christianity— A Report on the Size and Distribution of the World's Christian Population. December 19, 2011. Disponible: https://www.pewresearch.org/religion/2011/12/19/global-christianity-exec/.

[42] Neil Howe, The Fourth Turning is Here, Simon and Schuster, 2023.

[43] George Friedman, *The Calm The Storm Before the Calm: America's Discord, the Coming Crisis of the 2020s, and the Triumph Beyond*, Doubleday, 2020.

[44] George Friedman, *The Next 100 Years: A Forecast for the 21st Century*. Doubleday, 2009.

[45] Joseph Adinolfi, Stocks are extremely overvalued according to an indicator favored by Warren Buffett, MarketWatch,, MarketWatch, 9 julio 2024. Disponible: https://www.msn.com/en-us/money/markets/stocks-are-extremely-overvalued-according-to-an-indicator-favored-by-warren-buffett/ar-BB1pHgtW?ocid=BingNewsSerp.

[46] Andrew Thurston, The World Is Going Bust: What Is the Sovereign Debt Crisis and Can We Solve It *The Brink*, 7 agosto 2023. Disponible: tps://www.bu.edu/articles/2023/what-is-the-sovereign-debt-crisis-and-can-we-solve-it/.

[47] David J. Lynch, Soaring U.S. debt poses risks to global economy, IMF warns, The Washington Post, 27 junio 2024. Disponible: https://www.msn.com/en-us/money/markets/soaring-us-debt-poses-risks-to-global-economy-imf-warns/ar-BB1p1oX6?ocid=BingNewsSerp.

[48] Gabriela Berrospi, Hyperinflation: Is The US Following Venezuela's Path? Forbes, 21 mayo 2024. Disponible: https://www.forbes.com/sites/forbesfinancecouncil/2024/05/21/warning-signs-of-hyperinflation-is-the-us-following-

venezuelas-path/.

[49] Jason Dempsey and Gil Barndollar, The All-Volunteer Force Is in Crisis: A half century after the induction of the last draftee, America's military faces tough choices. The Atlantic, 3 julio 2023. Disponible: https://www.theatlantic.com/ideas/archive/2023/07/all-volunteer-force-crisis/674603/.

[50] Este ajuste de cuentas depende, pero no coincide exactamente con el propuesto por Neil Howe, *The Fourth Turning Is Here: Reimagining the Future*, Simon & Shuster, 2023. Mi interpretación tiene una base más eclesiocéntrica que la de Howe.

[51] Jesus Revolution, dirigida por John Erwin y Brent McCorkle, con Joel Courtney, Jonathan Roumie, Kelsey Grammer, Anna Grace Barlow y Kimberly Williams-Paisley, Lionsgate, 2023. Véase también Greg Laurie y Ellen Vaughn, *The Jesus Revolution: How God transformed an Unlikely Generation and How He Can Do It Again Today* (La revolución de Jesús: cómo Dios transformó a una generación improbable y cómo puede hacerlo de nuevo hoy), Baker Books, 2018.

[52]

[53] Ethan Sacks, X doesn't mark the spot: As Millennials and Baby Boomers feud, a generation is left out: Generation X has largely earned a reputation for being cynical and disconnected politically (X no marca el lugar: A medida que los Milénicos y los Baby Boomers se pelean, una generación se queda fuera: la Generación X se ha ganado en gran medida la reputación de ser cínica y desconectada políticamente.) *NBC News*, 24 noviembre 2019, Disponible: https://www.nbcnews.com/news/us-news/x-doesn-t-mark-spot-millennials-baby-boomers-feud-generation-n1082381.

[54] Robert D. Postman, Bowling Alone: The Collapse and Revival of American Community, Simon & Schuster, 2000.

[55] Jean M. Twenge, *Generations: The Real Differences Between Gen Z, Millennials, Gen X, Boomers, and Silents—and What They Mean for America's Future*. Simon and Schuster, 2023; Mark McCrindle and Emily Wolfinger, *The ABC of XYZ: Understanding the Global Generations*, McCrindle, 2009; John

Palfrey and Urs Gasser, Born Digital: Understanding the First Generation of Digital Natives. Basic Books, 2008; Chloe Combi, *Generation Z: Their Voices, Their Lives,* Hutchinson, 2015.

[56] Caitlyn Gibson, 'Baby on Board': How a cutesy decal embodies the enduring terror of parenthood, Washington Post, 1 mayo 2019. Disponible: https://www.washingtonpost.com/lifestyle/on-parenting/baby-on-board-how-a-cutesy-decal-embodies-the-enduring-terror-of-parenthood/2019/04/30/a6559e58-6a80-11e9-be3a-33217240a539_story.html.

[57] Joseph Serwach, The Latchkey Kids: The Latchkey Kids: The Least Parented Generation: Born 1965 to 1980, the Latchkey Kids watched themselves 'home alone' while our parents paid the costs of 1970s hyperinflation (like today?), *Medium,* 13 junio 2022. Disponible: https://medium.com/the-partnered-pen/the-latchkey-kids-the-least-parented-generation-b38a6fb2942c. Para ver un ejemplo del resentimiento de la Generación X hacia los letreros de Baby on Board, ver Annalisa Merelli, You probablemente don't know the real story behind Baby on Board signs, *Quartz,* 6 de octubre de 2014. Disponible en: https://qz.com/275987/you-probably-don't-know-the-real-story-behind-baby-on-board-signs.

[58] Jeff Cunningham, Why Is Gen Z So Depressed—Overprotective Parents, Thunderbird School of Management. Disponible: https://thunderbird.asu.edu/thought-leadership/insights/why-generation-z-so-depressed-overprotective-parents. Greg Lukianoff and Jonathan Haidt, The Coddling of the American Mind: How good intentions and bad ideas are setting up a generation for failure, Penguin Press, 2019.
Jonathan Haidt, *The Anxious Generation: How the Great Rewiring of Childhood is Causing and Epidemic of Mental Illness,* Penguin Press, 2024.

[59] Jonathan Haidt, *The Anxious Generation: How the Great Rewiring of Childhood is Causing and Epidemic of Mental Illness,* Penguin Press, 2024.

[60] Una nueva investigación encuentra que la pérdida de aprendizaje durante la pandemia afectó a comunidades enteras, independientemente de

la raza o los ingresos de los estudiantes. *Center for Education Policy Research, Harvard University*, 11 mayo 2023. Disponible: https://cepr.harvard.edu/news/new-research-finds-pandemic-learning-loss-impacted-whole-communities-regardless-student.

[61] Ayalet Sheffey, Gen Z is the New Threat to the American College Experience, *Business Insider*, 23 diciembre 2023. Disponible: https://www.businessinsider.com/gen-z-value-of-college-higher-education-student-debt-tuition-2023-12.

[62] New National Survey Finds Pandemic-Driven Shifts in Gen Z Priorities for Education and Work Persist Fourth Annual "Question The Quo" Study Shows Strong Belief in Education After High School; Vast Majority of Teens Feel Unprepared to Choose Their Future Path, ECMC Press Release, 27 junio 2023. Disponible: https://www.ecmcgroup.org/news/group/new-national-survey-finds-pandemic-driven-shifts-in-gen-z-priorities-for-education-and-work-persist.

[63] Jack Flynn, 25+ Gen Z Statistics [2023]: Tech Preferences, and More, Zippia, 9 mayo 2023. Disponible: https://www.zippia.com/advice/gen-z-statistics/#:~:text=To%20dive%20deeper%20into%20how%20Gen%20Z%20interacts,an%20average%20of%2035%25%20of%20their%20day%20online.

[64] Carmen Miranda, Generation Z: Re-thinking Teaching and Learning Strategies, Faculty Forum, April 24. Disponible: https://www.facultyfocus.com/articles/teaching-and-learning/generation-z-re-thinking-teaching-and-learning-strategies/.

[65] Aimee Pearcy, Gen Zers are shutting down accusations that they're 'lazy' by listing all the reasons why they don't want to work, *Business Insider*, 15 septiembre 2023. Disponible: https://www.businessinsider.com/gen-z-responds-to-accusations-that-theyre-lazy-and-dont-want-to-work-2023-9.

[66] Russell Goldman, Here's a List of 58 Gender Options for Facebook Users, *ABC News*, 13 febrero 2014. Disponible: https://abcnews.go.com/blogs/headlines/2014/02/heres-a-list-of-58-gender-options-for-facebook-users.

[67] Debra Soh, What's Driving Gen Z's Aversion to Sex?, *Newsweek,* 12 Octubre 2021. Disponible: https://www.newsweek.com/whats-driving-gen-zs-aversion-sex-opinion-1638228#:~:text=It%27s%20important%20to%20remember%20that%2085%20percent%20of,create%20an%20overall%20sense%20of%20malaise%20and%20disillusionment.

[68] Andrew Benson, Alcohol consumption on the decline for Gen Z, studies suggest, *Global News,* 14 enero 2023. Disponible: https://globalnews.ca/news/9411516/alcohol-consumption-decline-gen-z/.

[69] Megan Carnegie, Gen Z: Cómo los jóvenes están cambiando el activismo, *BBC,* 8 de agosto de 2022. Disponible: https://www.bbc.com/worklife/article/20220803-gen-z-how-young-people-are-changing-activism.

[70] Christoph Kastenholz, Gen Z And The Rise Of Social Commerce, *Forbes,* 14 abril 2022. Disponible: https://www.forbes.com/sites/forbesagencycouncil/2021/05/17/gen-z-and-the-rise-of-social-commerce/.

[71] Jim Davis and Michael Graham, *Great Dechurching: Who's Leaving, Why Are They Going, and What Will It Take to Bring Them Back?* Zondervan, 2023.

[72] Melissa Deckman, Generation Z and Religion: What New Data Show, *Religion in Public: exploring the mix of sacred and secular,* 10 febrero 2020. Disponible: https://religioninpublic.blog/2020/02/10/generation-z-and-religion-what-new-data-show/#:~:text=When%20it%20comes%20to%20attendance%20at%20religious%20services%2C,1%20in%204%20report%20attending%20weekly%20or%20more.

[73] Sarah Skinner, Mind the Gap: Curated Reads for Gen Z— and their Z-Curious Colegas, *McKinsey & Company,* 2022. Disponible: https://www.mckinsey.com/~/media/

[74] Sequoia Carrillo, U.S. reading and math scores drop to lowest level in decades, NPR, 21 junio 2023. Disponible: https://www.npr.org/2023/06/21/1183445544/u-s-reading-and-math-scores-drop-to-lowest-level-in-decades.

[75] Xochitl Gonzalez, The Schools That Are No Longer Teaching Kids to Read Books, *The Atlantic*, 19 junio 2024. Disponible: https://www.theatlantic.com/ideas/archive/2024/06/nyc-schools-stopped-teaching-books/678675/?utm_source=msn.

[76] Melissa Baron, What are the Actual Reading Trends for Gen Z? *Book Riot*, 3 mayo 2023. Disponible: https://bookriot.com/gen-z-reading-trends/#:~:text=Gen%20Z%20helped%20contribute%20to%20another%20great%20year,of%20sales%29%2C%20and%20hardcover%20sales%20declined%20by%203%25.

[77] Steve Rabey, Enrollment Declines and Shifts Continue at Evangelical Seminaries, Ministry Watch, 26 noviembre 2022. Disponible: https://ministrywatch.com/enrollment-declines-and-shifts-continue-at-evangelical-seminaries/.

[78] Tobin Grant, Why 1940's America wasn't as religious as you think—the rise and fall of American Religion. *Religious News Service*. 11 diciembre 2014. Disponible: https://religionnews.com/2014/12/11/1940s-america-wasnt-religious-think-rise-fall-american-religion/.

[79] Jim Davis, Michael Graham, y Ryan Burge, *Great Dechurching: Who's Leave, Why Are They Going, and What Will Take Take About Bring Them Back?*, Grand Rapids: Zondervan, 2023.

[80] Jeffrey M. Jones, U.S. Church Membership Falls Below Majority for First Time, *Gallup*, 29 marzo 2021.

Disponible: https://news.gallup.com/poll/341963/church-membership-falls-below-majority-first-time.aspx.

[81] Jeffrey M. Jones, U.S. Church Attendance Still Lower Than Pre-Pandemic, Gallup, 26 junio 2023. Disponible: https://news.gallup.com/poll/507692/church-attendance-lower-pre-pandemic.aspx.

[82] Jeffrey M. Jones, Church Attendance Has Declined in Most U.S. Religious Groups: Three in 10 U.S. adults attend religious services regularly, led by Mormons at 67%. *Gallup.com, 24 marzo 2024. Disponible:* https://news.gallup.com/poll/642548/church-attendance-declined-religious-groups.aspx.

[83] Esteban Ospina y Max Roser, Marriages and Divorces: How is the institution of marriage changing? What percentage of marriages end in divorce? Explore global data on marriages and divorces. Our World in Data, abril, 2024. Disponible: https://ourworldindata.org/marriages-and-divorces.

[84] Deidre McPhillips, US fertility rate dropped to lowest in a century as births dipped in 2023, *CNN*, 25 abril 2024, Disponible: https://edition.cnn.com/2024/04/24/health/us-birth-rate-decline-2023-cdc/index.html.

[85] The Postwar Economy: 1945-1960, *American History: From Revolution to Reconstruction and beyond.* Disponible: https://www.let.rug.nl/usa/outlines/history-1994/postwar-america/the-postwar-economy-1945-1960.php.

[86] Ahora conocido como Cru.

[87] Timeline of Historic Events, Billy Graham Evangelistic Association, Disponible: https://billygraham.org/news/media-resources/electronic-press-kit/bgea-history/timeline-of-historic-events/.

[88] John Dart, Billy Graham Recalls Help From Hearst, *Los Angeles Times*, 7 junio 1997. Disponible: https://www.latimes.com/archives/la-xpm-1997-06-07-me-1034-story.html.

[89] Molly Worthen, Evangelical Boilerplate: Billy Graham's

Innocuous blend of showmanship and salvation, *The Nation*, 4 febrero 2015. Disponible: https://www.thenation.com/article/archive/evangelical-boilerplate/.

[90] Billy Graham: A New Kind of Evangelist, *Time*, 25 octubre 1954. Disponible: https://content.time.com/time/subscriber/article/0,33009,823597-1,00.html.

[91] Molly Worthen, Evangelical Boilerplate: Billy Graham's Innocuous blend of showmanship and salvation, *The Nation*, 4 febrero 2015. Disponible: https://www.thenation.com/article/archive/evangelical-boilerplate/.

[92] Oral Roberts Dies: Funeral Arrangements Pending for Legendary Evangelist, 15 diciembre 2009. Disponible: https://web.archive.org/web/20091222070102/http://static.ktul.com/documents/oralroberts.pdf; Harrell, Jr., David Edwin (1985). *Oral Roberts: An American Life*. Bloomington, IN: Indiana University Press.

[93] D. E. Harrell, All Things are Possible: The Healing and Charismatic Revivals in Modern America. Indiana University Press, 1978.

[94] What is the Latter Rain Movement? *Bibliatodo*, 20 junio 2024. Disponible: https://www.bibliatodo.com/En/christian-reflections/what-is-the-latter-rain-movement/. Para un tratamiento mas complete, véase, Richard M. Riss, Latter Rain: *The Latter Rain Movement of 1948 and the Mid-Twentieth Century Evangelical Awakening,* Honeycomb Visual Productions, 1987; D. E. Harrell, All Things are Possible: The Healing and Charismatic Revivals in Modern America. Indiana University Press, 1978.

[95] Joshua R. Ziefle, "The Place of Pentecost: David Johannes du Plessis, the Assemblies of God, and the Development of Ecumenical Pentecostalism." PhD Dissertation presentado a Princeton Theological Seminary, 2010. Disponible:https://archives.northwestu.edu/bitstream/handle/nu/55303/Ziefle_Joshua_DPhil_2010.pdf?sequence=1.

[96] David Du Plessis, *The Spirit bade me go: the astounding move of God in the denominational churches* (2005 ed.). Bridge-Logos, 1970. Para aquellos que tal vez no entiendan la doctrina pentecostal del Bautismo en el Espíritu Santo, la frase aparece por primera vez en la Biblia (en los cuatro evangelios) en

el mensaje de Juan el Bautista: "Yo os bautizo en agua, pero él os bautizará en el Espíritu Santo" (Marcos 1:8). La frase aparece de nuevo cuando Jesús, antes de su ascensión, declara a los discípulos que no deben salir de Jerusalén, sino esperar a ser "bautizados en el Espíritu Santo. (Hechos 1:5). Todos los intérpretes estarían de acuerdo en que esta promesa se cumplió en Hechos 2:4: "Todos fueron llenos del Espíritu Santo y comenzaron a hablar en otras lenguas, según el Espíritu les permitía". El Movimiento Pentecostal surgió de la creencia de que hablar en lenguas sigue evidenciando el bautismo en el Espíritu Santo, tal como lo hizo para los discípulos en el Día de Pentecostés, y rápidamente se extendió por todo el mundo, creciendo a cientos de millones de adherentes.

[97] Larry Christenson, Bennett, Dennis Joseph (1917-91) and Rita (1934). En Stanley M. Burgess (ed.), The new international Dictionary of Pentecostal and Charismatic Movements (Ed. Revisada y ampliada), Zondervan, 2002, 369-371.

[98] Dianne Kirby, The Cold War and American Religion, *Oxford Research Encyclopedias*, 24 mayo 2027. Disponible: https://doi.org/10.1093/acrefore/9780199340378.013.398.

[99] President-Elect Says Soviet Demoted Zhukov Because of Their Friendship, *New York Times*, 23 diciembre 1952. Disponible: https://timesmachine.nytimes.com/timesmachine/1952/12/23/84381128.html?pageNumber=1.

[100] William I. Hitchcock, How Dwight Eisenhower Found God in the White House: Dwight Eisenhower and Billy Graham shaped a half-century of religion in America. *History*, 10 mayo 2023. Disponible: https://www.history.com/news/eisenhower-billy-graham-religion-in-god-we-trust.

[101] Robert Trexler and Jennifer Trafton. C.S. Lewis: Did You Know? *Christian History* 88, 2005. Disponible: *https://christianhistoryinstitute.org/magazine/article/lewis-reality-did-you-know*.

[102] Religion: Faith for a Lenten Age, *Time*, 8 marzo 1948. Disponible: https://content.time.com/time/covers/0,16641,19480308,00.html.

[103] Religion: To Be or Not to Be, *Time*, March 16, 1959. Disponible: https://time.com/archive/6870089/religion-to-be-orr-not-to-be/.

[104] Religion: Witness to an Ancient Truth, Time, April 20, 1962. Disponible: https://time.com/archive/6870089/religion-to-be-orr-not-to-be/.https:time.com/archive/6811204/religion-witness-to-and-ancient-truth/.

[105] "Is God Dead?", April 8 abril 1966. Disponible:

https://time.com/archive/6629149/is-god-dead/.

[106] A Penitential Order: Rite One, *The (Online) Book of Common Prayer*, *The Church Hymnal Corporation*, 2007. Disponible: https://bcponline.org.

[107] Adrian Fortescue, "Confiteor:" En Charles Herbermann (ed.) *Catholic Encyclopedia*, Tomo 4. Robert Appleton Company, 1908.

[108] Para aquellos que puedan estar preocupados de que estoy declarando aquí la creencia en el concepto calvinista de la persistencia de los santos, o "una vez salvos, siempre salvos", yo respondería que creo que los cristianos pueden cometer apostasía y perder su salvación, pero tal pérdida no puede ocurrir casualmente.

[109] Jack Deere, Surprised by the Power of the Spirit, Zondervan, 1993, 54.

[110] Para una dicusión amplia, véase Liam Jerrold Fraser, The Secret Sympathy: New Atheism, Protestant Fundamentalism, and Evolution, *Open Theology*, 2005, 1:445-454.

[111] Sarah Hinlicky Wilson, Lament for a Divided Church, *Christianity Today*, 17 marzo 2014. Disponible: https://www.christianitytoday.com/ct/2014/march/lament-for-divided-church.html.

[112] Clive Staples Lewis, Mero *Cristianismo,* HarperOne, 2006. Disponible: https://archive.org/stream/cristianismo-y-nada-mas-c-s-lewis/Cristianismo%20y%20nada%20mas%20-%20C%20%20S%20LEWIS_djvu.txt.

[113] Rudolph Otto, *The Idea of the Holy: At Inquiry into the non-rational factor in the idea of the divine and its relation to the rational*, trans. By John W. Harvey, Oxford University Press, 1950.

[114] Otto, 136.

[115] Kenneth Grahame, *El viento en los sauces*. Oxford University Press, 2010. Disponible: tps://linguabooster.com/es/es/book/el-viento-en-los-sauces.

[116] C.S. Lewis and R. Whitfield, *El gran divorcio*, HarperOne, 2006. Disponible: tps://archive.org/stream/C.S.LewisElGranDivorciounSueno/C.%20S.%20Lewis%20-El%20gran%20divorcio%20%28un%20sueno%29_djvu.txt.

[117] Joseph Castleberry, *The Kingdom Net: Learning to Network Like Jesus*. My Healthy Church, 2012.

[118] Pope Francis explains 'who am I to judge' in his new book, Catholic News Agency, Jan 12, 2016. Disponible: https://www.catholicnewsagency.com/news/33231/pope-francis-explains-who-am-i-to-judge-in-his-new-book .

[119] Homero, *La Odisea*, c. 800 a. C. Disponible: https://classics.mit.edu/Homer/odyssey.html.

[120] Kristen Bialik, Key facts about race and marriage, 50 years after Loving v. Virginia, *Pew Research Center*, 12 junio 2017. Disponible: https://www.pewresearch.org/short-reads/2017/06/12/key-facts-about-race-and-marriage-50-years-after-loving-v-virginia/; Kim Parker and Amanda Barrasso, In Vice President Kamala Harris, we can see how America has changed, Pew Research Center, February 25, 2021. Disponible: https:// www.pewresearch.org/short-reads/2021/02/25/in-vice-president-kamala-harris-we-can-see-how-america-has-changed/.

[121] Justin McCarthy, U.S. Approval of Interracial

Marriage at New High of 94%, 10 septiembre 2021. Disponible: https://www.news.gallup.com/poll/354638/approval-interracial-marriage-new-high.aspx/.

[122] Richard Stearns, *The Hole in our Gospel: What does God expect of us? The answer that changed my life and might just change the world*. Thomas Nelson Inc, 2009.

[123] Tennessee governor signs bill calling for 30 days of prayer and fasting in July, *Lifesite News*, 20 junio 2024. Disponible: https://www.lifesitenews.com/news/tennessee-governor-signs-bill-calling-for-30-days-of-prayer-and-fasting-in-july/.

[124] Tennessee General Assembly, House Joint Resolution 803, 7 febrero 2024. Disponible: https://www.capitol.tn.gov/Bills/113/Bill/HJR0803.pdf.

[125] Áron Buzási, Paul Ricœur and the Idea of Second Naivety: Origins, Analogues, Applications, *Etudes Ricoeuriennes*, Tomo 13 No. 2 (2022). Disponible: https://ricoeur.pitt.edu/ojs/ricoeur/issue/view/28.

[126] Darrin J. Rodgers, This Week in AG History, 11 de diciembre de 1960. Ag.org, 12 de diciembre de 2019. Disponible: https://news.ag.org/en/article-repository/news/2019/12/this-week-in-ag-history----dec-11-1960.

[127] Earl Creps, *Reverse Mentoring: How Young Leaders Can Transform the Church and Why We Should Let Them*. (Jossey-Bass Leadership Network Series Book 26), Wiley, 2008.

[128] Procusto era una figura de la mitología griega que torturaba a las personas estirándolas o cortándoles las piernas para que encajaran en una cama de hierro. La frase "lecho de Procusto" se refiere a la estructura conceptual que puede imponerse a una situación para hacer que los hechos se ajusten a lo que el intérprete quiere hacer de ellos, a pesar de las distorsiones de la realidad que pueda generar

el argumento.

Made in the USA
Columbia, SC
22 October 2024